JUBILEO DEL EMPRENDEDOR

JUBILEO DEL EMPRENDEDOR

CÓMO RESETEAR TU VIDA Y TU NEGOCIO CON PROPÓSITO Y LIBERTAD

ALEXIS ADAME

MISIÓN

JUBILEO DEL EMPRENDEDOR
Publicado Por Editorial Misión

Copyright © 2025 por Alexis Adame

Primera Edición Diciembre 2025

ISBN Libro Tapa Blanda: 978-1-958677-50-6
ISBN Libro Tapa Dura: 978-1-958677-49-0

Para obtener más información, envíe un correo electrónico a info@EditorialMision.com

Editorial Misión publica libros simples y útiles para emprendedores, *coaches*, conferencistas y dueños de negocio, con la intención de impulsarlos a transformar vidas con su mensaje. Nuestros libros son fáciles de crear y rápidos de leer, diseñados para solucionar un problema en específico. Editorial Misión ofrece un proceso sencillo para permitir que los emprendedores y dueños de negocios se beneficien de la autoridad que proviene de tener un libro, sin la molestia y el compromiso del tiempo normalmente asociado con definir, estructurar, escribir, corregir, editar, diseñar, publicar y promover su obra.

¿Tiene usted la idea de escribir un libro que transforme vidas?
Visite: www.EditorialMision.com para más detalles.

MISIÓN

DEDICATORIA

Dedico este libro a mis hijos **Alexis, Yair y Valeria Adame**, quienes son mi mayor inspiración y la razón por la que cada día busco ser mejor padre, líder y ser humano.

A mi esposa **Teresa**, mi compañera de vida, gracias por tu amor, tu paciencia y tu apoyo incondicional en cada sueño y proyecto que he emprendido.

A mis padres, por su ejemplo, su fuerza y por mantener encendido en mí el deseo de seguir adelante.

A mis abuelos, **hasta el cielo**, porque sé que su presencia y su amor siguen guiando mis pasos.

A mis hermanos, por acompañarme siempre y motivarme a ser un mejor ejemplo como el mayor de la familia.

Y a todas las personas que han sido parte de mi camino: mis organizaciones, mis equipos y cada líder que ha trabajado conmigo hombro a hombro. Gracias por creer en mí y permitirme aportar algo a sus vidas.

Con gratitud y corazón,
ALEXIS ADAME

ÍNDICE

Introducción 11

Capítulo 1: El Llamado al Jubileo 15

Capítulo 2: Rompiendo Cadenas 27

Capítulo 3: La Decisión de Ser Libre 37

Capítulo 4: Sanando el Pasado, Liberando el Futuro 47

Capítulo 5: Una Nueva Mentalidad, Una Nueva Realidad. 63

Capítulo 6: El Poder de una Nueva Visión 73

Capítulo 7: Encendiendo la Pasión por Vivir. 83

Capítulo 8: La Disciplina que Transforma 95

Capítulo 9: Construyendo Relaciones que Elevan 105

Capítulo 10: El Comienzo de Toda Transformación 115

Capítulo 11: Rompiendo Cadenas y Creando Riqueza 125

Capítulo 12: Construyendo para las Próximas Generaciones . . 135

Capítulo 13: El Recurso Más Sagrado 147

Conclusión 159

INTRODUCCIÓN

Si alguna vez has sentido que, **por más que intentas, no puedes avanzar**, este libro es para ti. Si repites historias que no quieres vivir, si trabajas mucho pero aún te sientes detenido, vacío o perdido... llegaste al lugar correcto.

Porque este libro no es solo una lectura, es **un llamado**. Un llamado profundo, directo y urgente a **reiniciar** tu historia. A romper con todo eso que te detiene. A empezar una nueva vida con **propósito, libertad y dirección**.

El mensaje central de todo lo que quiero compartirte en las siguientes páginas, está basado en una tradición del pueblo judío en el antiguo testamento que llamaban el **Jubileo**. Cada 50 años, los judíos celebraban un año muy especial de **descanso total** donde hacían cosas extraordinarias: las tierras volvían a sus dueños originales, los esclavos eran liberados y las deudas quedaban perdonadas.

Pero aquí no veremos este tema como un ritual religioso o una costumbre antigua. Vamos a entender su concepto y buscar un **reinicio total** en tu vida. Vamos a aprovechar la oportunidad de Dios para empezar de nuevo. A vivir un cambio interno que **transforme tu mente, tu corazón y tu manera de ver la vida**.

Es como si Dios te pusiera un botón invisible frente a ti y te dijera: "Presiona aquí... y comienza de nuevo". No importa tu pasado, tus fracasos, tu edad ni tus errores. Todos merecemos un *Jubileo*, pero no todos se atreven a buscarlo, estudiarlo y activarlo.

Este mensaje no es para cualquiera. No es para los que buscan frases bonitas que se olvidan al día siguiente. No es para quien quiere cambiar su vida sin propósito. Es para los que están listos para ir **con todo**, aunque tengan miedo.

Aquí vas a encontrar pasos claros, principios prácticos, herramientas poderosas y sobre todo... **retos**. Estas líneas no están escritas por teorías baratas. Las escribí desde mis propias batallas, desde días en que tuve que levantarme cuando todo me decía que me rindiera.

Por eso sé que funciona. Porque antes de enseñarlo... lo viví. Durante años he acompañado a personas en procesos de cambio profundo. Y siempre pasa lo mismo: cuando rompen sus **cadenas internas**, todo a su alrededor comienza a alinearse.

No porque el mundo cambie, sino porque cambia su mentalidad, su enfoque y su energía. Eso es también lo que quiero que experimentes: romper creencias que te han limitado, elevar tu termostato interno y reencontrarte con tu visión y tu verdadera identidad.

Te voy a mostrar cómo dejar de vivir desde el miedo y **comenzar a vivir desde tu propósito**. Porque la libertad que buscas no está lejos... solo está esperando que la actives. Y cuando lo hagas, tu vida no volverá a ser la misma.

Pero no basta con saberlo. Hay que hacerlo. Este libro es más que inspiración: es **acción**. Es una guía con pasos simples que puedes empezar a aplicar desde hoy, sin esperar a que todo esté perfecto, sin seguir cargando lo que ya no te pertenece.

Tu pasado no te define. Tus errores no cancelan tu propósito.

Tu historia todavía puede dar un giro extraordinario.

Si aplicas lo que aquí vas a aprender, vas a dejar de caminar en círculos y empezarás a avanzar con dirección. Vas a recuperar tu paz, tu energía y tus sueños. Vas a dejar atrás cargas que no son tuyas. Y vas a caminar con ligereza hacia lo que Dios ya preparó para ti.

No dejes que este libro se quede en un estante más. Léelo como si tu vida dependiera de ello. Porque, en muchos sentidos, así es. Este mensaje no llegó a ti por casualidad. Llegó en el momento justo, en el tiempo perfecto. **Este es tu Jubileo**. Y no hay tiempo que perder.

Abre el corazón. Lee esperando encontrarte con la parte de ti que creías perdida. Hazlo con la expectativa de descubrir lo que puede transformar tu vida. Porque el mensaje que viene en las siguientes páginas... tiene el poder de cambiarlo todo.

Con fe, visión y propósito,
ALEXIS ADAME

CAPÍTULO 1

El Llamado al Jubileo

*Cada nuevo comienzo viene del final
de otro comienzo.*

—Séneca

Cuando era niño, hubo una tarde que se me quedó grabada para siempre. Estaba sentado junto a mi abuelo, bajo un árbol enorme... de esos que dan sombra que parece que te abraza. Habíamos recién cortado un membrillo y lo comíamos ahí mismo, viendo cómo el sol empezaba a despedirse.

Él tenía una voz tranquila, pero firme. Como si cada palabra cargara la fuerza de muchas generaciones. Recuerdo que masticaba despacio, saboreando cada instante, como quien tiene todo el tiempo del mundo.

Y entonces me dijo:

—Mijo, la vida no es solo trabajar y trabajar. Hay que parar...
para luego volver a empezar con más fuerza.

Yo no entendí bien a qué se refería. Pero esa frase se me quedó clavada. Años después, supe que me estaba hablando del **jubileo**. No como algo religioso, sino como ese momento en que uno necesita hacer una pausa, mirar hacia adentro y preguntarse: *¿Esto es todo? ¿Esto es lo que vine a vivir?*

El jubileo es eso. Es un llamado. Es Dios diciéndote: *Basta de vivir a medias. Ya basta de cargar con culpas, deudas o pasados que ya no te definen. Es hora de volver a comenzar.*

En el libro de Levítico, capítulo 25, el jubileo era un tiempo santo. Cada cincuenta años, todo se reestablecía: la tierra descansaba por un año, las tierras regresaban a sus dueños originales, las deudas eran perdonadas y los esclavos eran liberados. Era un **reseteo divino**. Un reinicio total.

Ahora bien, si llevamos ese principio a nuestra vida moderna, ¿qué representa hoy el jubileo para ti y para mí? Representa el permiso —y la oportunidad— **de soltar**. De decir: *Hasta* *aquí llego con esta carga. A partir de hoy, camino más liviano, más consciente, más libre.*

Pero ya no ocupamos esperar 50 años. Podemos tener una **adaptación inspirada** en el concepto bíblico y vivir nuestro propio jubileo cada año, cada mes... incluso cada día. Podemos hacerlo cada vez que nos sintamos cargados. Podemos actuar el día de hoy.

En la Biblia, el Jubileo original tenía reglas para el pueblo de Israel y era algo legal, social y también espiritual. Pero si lo vemos hoy en día como un principio que vale para todos los tiempos —un principio atemporal— y para todas las culturas, su esencia es simple: **soltar lo que te ata, arreglar lo que se rompió y empezar otra vez**. Y eso, lo podemos hacer en cualquier momento.

Yo he vivido varios jubileos en mi vida. Fueron momentos en los que tuve que parar, sacudirme el polvo, juntar mis pedazos y volver a empezar. No fue fácil. Pero cada vez que lo hice, encontré una y otra vez una fuerza especial dentro de mí: la fuerza que surge cuando entiendes que rendirte no es una opción.

La idea del jubileo no nos llega como un rayo, sino como una **semilla**. Una idea pequeñita que se planta en el corazón y que, aunque nadie más la vea, empieza a crecer en silencio. No hace ruido, pero avanza. No florece de inmediato, pero se va transformando desde adentro. Esa semilla se llama **esperanza**. Y cuando la riegas con decisión y la abonas con fe, tarde o temprano, rompe la tierra... y florece en tu propósito.

Quizás tú también estás en ese punto. Tal vez llegaste hasta aquí sintiendo que algo te falta, que algo dentro de ti está gritando por una vida distinta. Y no importa si eres joven, adulto o si ya has recorrido un largo camino... si tienes ese ardor en el pecho, **es porque tu alma ya escuchó el llamado**. Y ese llamado te está llevando a tu siguiente nivel.

En su libro *Los dones de la imperfección*, la autora **Brené Brown** explica lo que significa vivir con plenitud. Dice que solo cuando dejamos de fingir, de complacer a todos y de controlar las emociones, podemos vivir de verdad.

Yo lo entiendo así: nuestras vidas son **cíclicas**, necesitamos cambiar y mejorar constantemente. Y para empezar, no podremos avanzar si seguimos siendo alguien que en realidad no somos.

Créeme, no hay nada más poderoso que reencontrarte contigo mismo. He conocido a cientos de personas que, al asistir a una de mis conferencias o cursos, llegan buscando herramientas, pero terminan descubriendo algo más valioso: se encuentran con su verdadero "yo", con esa parte que habían enterrado bajo los deberes, el miedo o las expectativas de otros. Y eso, sin exagerar, les cambia la vida.

Porque no solo se trata de dejar el pasado atrás. Se trata de **volver a casa**, de volver al diseño original que Dios puso en ti desde el principio. Lo mismo que pasaba en el Año del Jubileo de los judíos. Tú no fuiste creado para sobrevivir, ni para vivir atado, ni para andar cargando deudas heredadas. Tú fuiste creado para prosperar, para liderar, para construir un legado.

Tal vez nadie te lo había dicho con estas palabras, pero te lo dice una persona que ha vivido batallas, como alguien que viene del campo, como alguien que aprendió desde niño a ver oportunidades donde otros solo veían desierto: **tú fuiste**

creado para más. Y ese "más" empieza cuando decides dar el primer paso hacia tu nueva vida.

Puede que ese paso sea perdonar. O tal vez soltar un trabajo que ya no te llena. O reconciliarte con tu historia. O simplemente, atreverte a soñar de nuevo. Lo importante es esto: el **Jubileo del Emprendedor** no sucede por accidente. Se elige. Se provoca. **Se camina con intención.**

Y si tú estás dispuesto, querido lector, puedes caminar conmigo. Muchas personas como tú ya han decidido cambiar su historia. Porque cuando alguien se atreve a creer, todo le es posible.

Hoy quiero hablarte como si fueras ese niño de 10 años que todavía vive dentro de ti. Ese niño que creía en imposibles, que se lanzaba sin miedo, que se emocionaba con lo simple. Escúchame bien: **ese niño aún está ahí**, solo está esperando que lo saques a jugar de nuevo. Que le devuelvas el derecho de soñar, de fallar, de levantarse y de volver a intentar.

Si hoy estás leyendo esto, es porque ya diste el primer paso. El siguiente depende de ti. ¿Estás listo para vivir tu jubileo?

Haz una pausa. Respira profundo. **No leas esto como un texto más**. Léelo como si alguien te tomara del rostro, te mirara a los ojos y te dijera con amor y firmeza: *Ya es tiempo*. Recordemos lo que dice Jesús en Juan 8:36: *Así que, si el Hijo los libera, ustedes serán verdaderamente libres* (RVR1960).

Esa palabra —**libres**— no es liviana. Es poderosa. No es solo una promesa bonita que se escucha en la iglesia un domingo cualquiera. Es una realidad que puede tocar cada rincón de tu vida si tú te atreves a recibirla.

Esa libertad de la que habla Jesús no se limita a lo espiritual. Es una libertad completa. **Emocional**, para sanar heridas que llevas cargando desde hace años. **Financiera**, para dejar de vivir al límite y empezar a construir un futuro con visión. **Mental**, para soltar pensamientos que no te pertenecen, creencias heredadas que te han frenado sin que te des cuenta. Es libertad para ser tú, con todo lo que eso implica: tus talentos, tu historia, tus sueños, tu esencia. Y esa libertad comienza con una sola cosa: una decisión.

No tienes que tener todo claro. No tienes que tener las respuestas. Solo necesitas un corazón dispuesto a decir:

Ya no más. Ya no voy a vivir atrapado en una historia que no me representa. Ya no voy a repetir ciclos que me hacen daño. Este es mi tiempo. Esta es mi temporada. Este es mi nuevo comienzo.

Quizá no te sientes listo. Quizá te cuesta creerlo. Pero quiero que escuches esto: **el Jubileo del Emprendedor no es para los perfectos. Es para los que están dispuestos.** Para los que aún con miedo, dan un paso. Para los que han sido heridos, pero todavía tienen esperanza. Para los que han caído mil veces... y aun así, quieren levantarse una vez más.

Yo lo sé, porque ese fui yo. También me sentí cansado, confundido, atrapado. También tuve que decidirme. Y cuando lo hice, **todo cambió**.

Hoy, lo que ves —mis cursos, mis conferencias, mi trabajo como mentor— nació desde ese punto de inflexión. Desde ese día elegí caminar hacia mi propósito, en vez de seguir huyendo de mi pasado.

Y descubrí algo: cuando tú das el primer paso, con fe, el Señor responde. Hay puertas que solo se abren cuando caminas hacia ellas. Hay oportunidades esperando que tú te actives. Y hay una vida nueva esperando ser vivida... si te atreves.

No necesitas permiso. No tienes que esperar a que todo sea perfecto. Porque la vida no espera. Tu propósito tampoco.

Empieza hoy. Aunque sea con pasos pequeños. Aunque sientas que tu voz tiembla. Aunque te cueste mirar hacia adelante. Porque cada paso que des hacia tu nueva vida es un acto de valentía. Es un mensaje a los cuatro vientos que dice: *Estoy listo para algo más grande.*

Y si decides caminar a fondo, recuerda que yo estoy aquí. No como alguien que ya lo logró todo, ni como un experto inalcanzable... sino como un hermano de camino. Como alguien que también ha tropezado, que ha tenido días oscuros, que ha dudado de sí mismo más de una vez. Créeme, sé lo que es estar ahí. Y también sé lo que se siente cuando alguien cree en ti, aun cuando tú mismo no puedes hacerlo.

Recuerdo una etapa de mi vida, hace muchos años, que todo parecía estar en contra de mí. Me sentía estancado, frustrado y cansado de intentar muchas cosas sin ver resultados.

En aquellos días, alguien me invitó a una conferencia motivacional... y sin esperarlo, en esa reunión escucharía una frase que cambiaría mi vida para siempre.

—*Tú todavía tienes una historia que escribir. Pero primero, tienes que creértela.*

Esa frase me removió el alma. Aprendí que el primer paso no era lograr algo allá afuera, sino **recordar quién era yo por dentro**. Desde ese día, algo se activó en mí. No todo cambió de inmediato, pero yo sí. Y desde entonces he caminado con más intención, más fe y más propósito.

Así que hoy, si tú decides caminar, **no estarás solo**. Principalmente estará el Señor y Su Palabra a tu lado en todo momento, y también estaré yo aquí, con este libro, como una guía, un abrazo, una linterna para tu noche.

Es muy importante comprender que cuando caminas hacia tu propósito con **un compromiso de verdad**, algo dentro de ti empieza a moverse. Es como si una fuerza que siempre estuvo ahí, esperando, finalmente se despierta.

Lamentablemente, muchos se detienen ahí... pero tú no lo

harás. Porque lo que vamos a ver en el siguiente capítulo no es complicado ni imposible; es claro, directo y real. Puede cambiar la forma en que miras tu vida y darte la fuerza para avanzar. Cuando llegue ese momento, empezarás a romper las cadenas que te han detenido por años... y no habrá nada que pueda frenarte.

> " ASÍ QUE, SI EL HIJO LOS LIBERA, USTEDES SERÁN VERDADERAMENTE LIBRES "
>
> JUAN 8:36

(RVR1960)

CAPÍTULO 2
Rompiendo Cadenas

La libertad es el oxígeno del alma.

—Moshe Dayan

Una de las escenas que más recuerdo de mi niñez ocurrió una tarde cualquiera en el corral de la casa. Teníamos una chiva amarrada de una pata con una cuerda vieja, de esas gruesas, desgastadas por el tiempo y el sol.

Mi abuelo me pidió que la soltara para que pudiera ir a comer. Corrí emocionado, desaté el nudo y di un paso atrás... pero la chiva no se movió. Se quedó ahí, quieta, como si todavía estuviera atada. Le hablaba, le hacía señas, incluso le ofrecí comida... nada. Había estado tanto tiempo amarrada que, aunque la cuerda ya no la sujetaba, su mente seguía creyendo que sí.

En ese momento, sin saberlo, aprendí algo que más tarde entendería en carne propia: no necesitas una cadena física para vivir prisionero. **Una idea equivocada se puede convertir en una cadena mental**.

Hoy quiero hablarte de eso. De las **cadenas invisibles**. De esas que no se ven, pero pesan. De esas que no hacen ruido, pero paralizan. Cadenas que vienen en forma de miedos. Traumas. Vergüenzas. La voz guardada en tu subconsciente de alguien que te dijo que no podías. La herida de un fracaso (o de varios). La necesidad de agradar. El peso de una culpa.

A veces ni siquiera somos conscientes de que estamos atados... hasta que intentamos avanzar y algo nos jala hacia atrás.

Por eso el **Jubileo del Emprendedor** es tan poderoso. Porque es ese el momento en que decides romper con lo que te detiene, con lo que ya no va contigo, con lo que no cabe en la vida que estás construyendo.

Es el momento en que te levantas por dentro y declaras: *Esto no me define. Esto no me pertenece. Yo nací para ser libre.*

¿Sabes cuál es el primer paso para romper una cadena? Verla. Nombrarla. Reconocerla.

Porque lo que no se nombra, no se rompe. Quizás tu cadena es el miedo al rechazo. O esa vocecita que te dice "vas a fallar otra vez". Quizás has vivido atado a una relación que te consume, a la ansiedad del futuro, o a una imagen falsa que proyectas por miedo a que te conozcan de verdad. Cadenas hay muchas. Pero todas tienen una cosa en común: **pueden romperse**.

Jesús lo dice claro en Juan 8:32: *Conoceréis la verdad, y la verdad os hará libres* (RVR1960). Y esa verdad no siempre viene envuelta en milagros sobrenaturales. A veces llega simplemente en forma de un libro que te sacude. O de una conversación con alguien que te habla directo al corazón. O de un silencio en el que Dios te recuerda quién eres.

Muchas veces, he visto cómo una sola palabra, una sola reflexión, puede romper una cadena que llevaba años sujetando a una persona. Porque cuando entiendes que **la libertad comienza en tu interior**, ya nada te puede detener.

La libertad no es la ausencia de problemas. Es el poder de ser tú mismo incluso en medio de ellos. Es mirar tus heridas sin avergonzarte. Es avanzar con miedo, pero avanzar. Es dejar de esconderte, y empezar a brillar.

Y aquí viene algo importante: cuando tú rompes tus cadenas, **le das permiso a otros para hacer lo mismo**. Tu vida se vuelve un **testimonio vivo** de lo que sí se puede. Te conviertes en faro para otros que aún están en la oscuridad.

Romper cadenas es una revolución

No hay una guerra allá afuera, más bien, hay una batalla dentro de nosotros. **No se trata de cambiar el mundo entero... se trata de cambiar el mundo que llevamos dentro**. Romper cadenas es levantarte una mañana, mirarte al espejo y decidir que ya no vas a vivir condicionado por tus heridas, tus errores o tus miedos.

Es rebelarte contra esa voz interna que te dice: *no puedes, no es para ti, ya es tarde*.

Recuerdo otra de las veces en que me encontraba atravesando un momento muy difícil. Había tomado decisiones que no salieron como esperaba. Me sentía enojado conmigo mismo. Una mañana, salí a caminar al campo para despejarme. Iba solo.

La tierra estaba húmeda, acababa de llover. Llevaba los pensamientos revueltos, como si una tormenta estuviera ocurriendo dentro de mí. De repente, pasé junto a un árbol que había sido alcanzado por un rayo. Estaba partido, pero no muerto. De un lado, el tronco estaba quemado, desgajado. Pero del otro... brotaban hojas verdes, nuevas, vivas.

Me di cuenta que la vida puede golpearte, puede dejarte marcado, pero no te quita tu capacidad de florecer otra vez. El árbol no se rindió. A pesar de la herida, seguía de pie. Así somos nosotros cuando decidimos romper cadenas: no negamos lo que nos ha pasado, pero tampoco permitimos que eso nos defina.

Romper cadenas es **renunciar a la versión limitada de ti**. Es dejar de repetir patrones que viste en tu familia o que aprendiste por ahí sin darte cuenta. Es decir con fe, sin pena, con coraje: *Conmigo se rompe este ciclo. Conmigo empieza una historia totalmente diferente.*

Aclaro. **Esto no pasa de un día para otro**. Romper cadenas no es un evento inmediato... es un proceso. Una batalla diaria. Un compromiso contigo mismo. Cada día tienes que elegir no volver a ponerte las cadenas que ya soltaste. Porque es muy fácil regresar a lo conocido, a lo cómodo, aunque duela. Pero tú no fuiste creado para lo fácil. Fuiste creado para lo extraordinario.

Cada día tienes que recordarte que **no eres lo que viviste, eres lo que estás eligiendo construir**. Y si en este momento sientes un nudo en la garganta o una lágrima que quiere salir... si hay algo dentro de ti que se está moviendo, es porque **ya comenzaste a romper esa cadena**. Ya diste el primer paso. Y créeme: eso es más que suficiente para empezar.

Yo también he estado ahí. Yo también he roto cadenas. Algunas con lágrimas en la madrugada. Otras con oraciones desesperadas. Algunas, con decisiones que dolieron, pero me salvaron. Y por eso te entiendo. Y por eso te hablo así, directo, como si te conociera. Porque sé lo que se siente estar en esa lucha.

Y sé también lo que se siente salir del otro lado. Respirar

profundo. Sentirte liviano. Volver a sonreír sin miedo. Volver a creer en ti.

Siempre te estaré recordando que **sí se puede**. Y quizá muy pronto, tú también estés duplicando todo esto. Dando tus propias conferencias, haciendo cursos, creando talleres, escribiendo tu libro, ayudando a los demás.

Por eso te digo lo que a mí me hubiera gustado escuchar cuando más lo necesitaba: *No estás roto. Estás despertando.*

Romper cadenas es elegir

No es un accidente. No es suerte. Es una elección consciente que se hace en lo más íntimo del corazón. Es pararte firme y decir: *Ya no más.*

Pero para poder romper una cadena, primero tienes que verla. Y para verla, tienes que mirar hacia adentro, **aunque duela**. A veces preferimos distraernos, hacer como que todo está bien, seguir con la rutina, llenarnos de ruido para no escuchar el clamor interno. Pero el **Jubileo del Emprendedor** comienza cuando haces una pausa, cierras los ojos... y te atreves a hacerte preguntas incómodas. *¿Qué me está atando? ¿Qué mentira he creído por demasiado tiempo? ¿Qué promesa me hice en medio del dolor que hoy ya no quiero seguir cargando? ¿Qué voz necesito dejar de escuchar para empezar a oír la mía?*

Yo me hice esas preguntas una vez. Lo recuerdo bien. Estaba solo en una habitación, después de una conferencia donde había hablado frente a cientos de personas. Todos me aplaudieron. Todos, se fueron inspirados. Pero yo me fui a mi cuarto sintiéndome vacío. No porque lo que dije fuera falso, sino porque había algo dentro de mí que todavía no estaba resuelto.

Me miré en el espejo y sentí que había partes de mí que aún estaban encadenadas al miedo. Miedo a fallar. Miedo a decepcionar. Miedo a mostrarme débil. Me di cuenta de que había una promesa que me había hecho en mi adolescencia, el día que alguien me humilló públicamente: *Nunca más voy a permitir que me vean vulnerable.* Y sin darme cuenta, había vivido años con esa cadena al cuello.

Esa noche lloré. No por debilidad, sino por liberación. Entendí que, para romper una cadena, a veces hay que llorarla primero. No para quedarte ahí, sino para reconocerla, nombrarla, y finalmente soltarla.

Ese fue mi **Jubileo**. Y no, no resolví todo en una noche. Pero tomé una decisión. Y desde ese momento, **todo cambió**.

Por eso hoy te digo con el corazón en la mano: **este es tu momento. Este es tu Jubileo.** No porque todo esté en orden. No porque tengas todas las respuestas. Sino porque tú ya decidiste empezar.

Y eso, mi querido lector, lo cambia todo.

Cada vez que **decides enfrentar lo que te duele**, en lugar de huir... estás rompiendo una cadena.

Ahora, al romper esas cadenas invisibles, cadenas que te han acompañado quizá por años sin que te dieras cuenta, activas una nueva libertad por dentro, y es aquí donde todo empieza a cambiar.

Estás por descubrir lo que ocurre cuando una persona deja de esperar a que las cosas cambien... y con fe, valor y coraje, decide dar el paso que lo cambia todo...

CAPÍTULO 3

La Decisión de Ser Libre

El primer paso hacia la libertad es el coraje.

—Nelson Mandela

La primera vez que tomé una decisión que cambiaría mi vida fue mucho antes de convertirme en empresario. No fue en una oficina, ni en un evento con luces y aplausos. Fue en mi casa, siendo apenas un niño de seis años, bajo la mirada de mi abuelo.

Aunque no aprendía mucho en la escuela —porque el trabajo en el campo me quitaba tiempo para asistir—, cada día aprendía algo valioso viendo a mi abuelo. Él era más que una figura familiar. Era mi guía, mi inspiración, mi héroe. Un hombre de negocios que sabía ganarse el respeto de la gente, y que siempre encontraba oportunidades donde otros veían problemas.

En ese entonces, mi abuelo consiguió un acuerdo con una compañía que venía desde Guanajuato a comprar membrillo, la fruta más conocida en Río Grande, mi tierra natal. Me dijo que necesitaba ayuda para recibir y pesar la cosecha... y que había pensado en mí. Yo, con solo seis años, me emocioné tanto que acepté sin dudar.

Mi mamá me enseñó a hacer las cuentas y a organizarme. Mi trabajo era entregar los sacos a la gente del pueblo, anotar los kilos cuando regresaban llenos y calcular lo que había que pagarles. No cambié la situación de mi familia en un solo día, pero algo dentro de mí se encendió: entendí que no siempre puedes arreglarlo todo... pero siempre puedes empezar con lo que está en tus manos.

Esa fue mi primera decisión consciente hacia la libertad. Desde entonces he visto, una y otra vez, que la verdadera transformación no llega con simples deseos, sino con **decisiones**. Con esos "sí" que dices por dentro, aun cuando tienes miedo. Con un corazón que no espera a que las condiciones sean perfectas, sino que actúa desde donde está y con lo que tiene.

Y eso es lo que quiero que recuerdes: en esta vida, **la libertad es una conquista**. No se hereda, no se compra, no se regala. Se busca. Se elige. Se defiende. Se honra.

Cuando el alma ya no aguanta más

Hay momentos en la vida en los que el alma **grita en silencio**. No son gritos que todos escuchan. Son gritos que solo tú puedes sentir. Momentos en los que, por fuera, todo parece normal... pero por dentro, sabes que estás al borde. Ya no puedes seguir igual. Ya no quieres fingir. Ya no puedes sostener esa versión de ti que aprendiste a mostrar solo para sobrevivir.

He acompañado a muchas personas en ese preciso momento: **el momento del quiebre**. Y la verdad, no es como muchos se lo imaginan. No hay dramas de telenovela o espectáculos de película. El momento de quiebre puede llegar de una manera muy simple. Puede ser ese instante donde te miras a los ojos frente al espejo y, de repente, lo entiendes todo. Puede ser durante un suspiro largo o cuando dejas caer una lágrima que no esperabas. Ahí es donde empieza la libertad.

Un caso extremo es el de Pablo Cimadevila, un hombre que nació en Pontevedra, España. Cuando tenía cuatro años, tuvo un accidente que lo dejó en silla de ruedas para siempre. Imagínate lo difícil que fue para él y para su familia.

Mucha gente le dijo que nunca podría hacer deporte. Que eso ya no estaba en sus posibilidades. Pero Pablo decidió pensar diferente. Ese fue su momento de quiebre: el instante en el que, en lugar de rendirse, dijo "voy a intentarlo".

En vez de aceptar que sus sueños se habían terminado, decidió seguir adelante. Se levantó en su interior y empezó a nadar. No fue fácil, pero cada brazada lo hacía más fuerte. Con esfuerzo y disciplina, llegó a ser nadador paralímpico: ganó dos medallas de oro en Sídney 2000, una de bronce en Atenas 2004 y dos más en Beijing 2008.

Eso es la decisión de ser libre: no esperar a que alguien venga a cambiar tu vida... sino elegir tú cambiarla. Paso a paso. Día a día. Con coraje y con fe.

El poder del primer paso

Dice Proverbios 2:11-12: "Las decisiones sabias te protegerán; el entendimiento te mantendrá a salvo".

En nuestro caso, estamos hablando de **la verdad personal.** La que duele, pero también libera. La que te dice: *Sí, me equivoqué.* O incluso, *Sí, dejé de ser yo mismo para quedar bien con los demás.*

Pero también te dice: *Hoy decido cambiar.* Porque no hay libertad sin verdad. Y no hay verdad sin decisión.

Decidir da miedo, claro que sí. Decidir implica incomodar a otros. Implica dejar atrás lugares, personas o hábitos que se volvieron parte de tu identidad, aunque te hicieran daño. Pero también implica **vida.** Implica **poder.** Implica volver a ti.

Así pasó con **Julissa Arce**, una mujer valiente nacida en Guerrero, México, que emigró muy joven a Estados Unidos. Vivió muchos años indocumentada, sin saber si podría quedarse o no, sin acceso a muchas oportunidades, y bajo la sombra de un futuro incierto. Sin embargo, no se rindió.

Ella decidió romper con esa vida que muchos creían predestinada para ella. Gracias a sus ganas de hacer un reinicio total, un reseteo mental —ese "sí" silencioso que dice *No más*—, logró graduarse en finanzas en la Universidad de Texas, trabajó en Wall Street, y se convirtió en escritora, activista y líder de comunidad. Dio un salto desde la incertidumbre hacia una realidad de libertad.

Ver cómo Julissa se atrevió a decir *Basta* y actuar desde su verdad me impacta siempre. Porque eso es lo que marca la diferencia: no es solo un deseo, es decidir romper cadenas, aun con miedo. Y cuando lo haces, entras en tu Jubileo.

Por eso siempre te diré: la vida no cambia porque tú quieres, **la vida cambia cuando tú lo decides.** Y la decisión no tiene que ser perfecta, solo tiene que ser firme.

Durante muchos años, creí que necesitaba tener todas las respuestas antes de empezar. Pensaba que para dar un paso firme hacia mi libertad tenía que estar seguro de cada detalle, de cada paso, de cada posible obstáculo.

Me aferraba a la idea de que en algún momento, cuando el

tiempo fuera perfecto, cuando tuviera más recursos o más claridad, entonces sí, comenzaría. Pero la verdad es que esa espera se convirtió en una jaula. No eres libre cuando todo encaja. Eres libre cuando decides que ya no puedes seguir esperando.

La libertad no se entrega como un trofeo. No te la dan por aguantar, ni por portarte bien, ni por haber sufrido suficiente. **La libertad es necesario buscarla y conquistarla.** Es una decisión valiente que se toma desde lo más profundo del alma. Y esa batalla no se libra allá afuera, contra las personas que te lastimaron o contra las circunstancias que te frustraron. Esa batalla se libra en el interior. En tu mente. En tu corazón. En ese lugar íntimo donde por fin decides que ya fue suficiente.

No necesitas gritarle al mundo. No necesitas pelear con nadie. Solo tienes que mirar al espejo, sostenerte la mirada y decirte con toda el alma:

Hoy empieza otra historia. Hoy decido no volver atrás.

Esa frase no es un eslogan ni una motivación pasajera. Es **el primer paso** que necesitas dar. Es la chispa que enciende el fuego del **Jubileo del Emprendedor**. Es la llave que abre una puerta nueva. Una que siempre estuvo ahí, esperando que tú te atrevas a cruzarla.

Y si decides hacerlo, si das ese paso, quiero que sepas algo: **no estarás solo.** Este libro no es solo palabras. Es un acompañamiento. Es un mapa dibujado con mis propias batallas, con mis propias lágrimas y también con mis propias victorias, solo para que sepas que **sí se puede.**

Tú no eres tu historia pasada. No eres lo que te dijeron cuando eras niño. No eres el miedo que te paraliza ni las veces que fallaste. **Tú eres lo que eliges ser a partir de hoy.** Y si mientras lees esto hay una emoción que no sabes cómo explicar, una lágrima que amenaza con salir, no lo ignores.

Esa es tu alma diciéndote: *Ya es tiempo.* No necesitas pasos grandes. Solo uno. Uno firme. Uno sincero. Uno que te diga a ti mismo que estás listo para comenzar.

Pero cuando tomas la decisión de ser libre, no todo es inmediato..., muchas veces, lo primero que se activa no es la recompensa, sino **la prueba**. Todos los seres humanos deberíamos de saber que cada decisión importante que tomamos viene acompañada de una sacudida, de esas que te hacen preguntarte si de verdad estás listo para lo que pediste.

Es justo en ese cruce entre la fe y el miedo, donde se revelan las verdaderas batallas. Esas que no ves venir. Las que te llegan de frente. Y aunque parezca que todo se oscurece, en realidad todo se está acomodando. Cada pieza está tomando su lugar para que la luz aparezca. Para fortalecerte, abrirte los ojos y prepararte para lo que Dios ya tiene listo para ti...

CAPÍTULO 4

Sanando el Pasado, Liberando el Futuro

El perdón no cambia el pasado,
pero amplía el futuro.

—Paul Boese

La primera jueza latina en la Corte Suprema de los Estados Unidos, **Sonia Sotomayor**, apenas tenía siete años cuando le diagnosticaron diabetes tipo 1. A los nueve, perdió a su padre; su familia no tenía recursos. Pero ella, desde niña, aprendió que sobrevivir no era suficiente: decidió levantarse. A pesar del dolor y la falta de guía, ella se hizo responsable de sus inyecciones de insulina y siguió adelante. Su lucha no fue fácil... fue un camino de decisiones silenciosas que la llevaron muy lejos.

En esa su lucha, encuentro mi propia voz. Yo tuve que sanar el pasado... no para olvidar, sino para aprender a mirar con otros ojos. En mi primer libro Best Seller *La fórmula del mercadeo en red*, cuento en detalle lo que me pasó trabajando para una compañía de construcción. Mientras estaba allí, empecé a conseguir mis propios trabajos por fuera —desde reparaciones pequeñas hasta proyectos más grandes— para darle a mi familia un poco más de estabilidad. Pero cuando mi patrón se enteró, no le pareció. Su actitud hacia mí cambió por completo. Lo noté en sus miradas frías y en los comentarios cortantes. Al final, armó un complot que jamás imaginé. Me ocasionó una de las etapas más duras de mi vida. Pero con los años entendí que sanar no es ignorar lo que pasó. Sanar es dejar de vivir desde una traición... y desde ese lugar volver a levantarme.

Querido lector, muchas veces no avanzamos porque seguimos cargando heridas profundas: palabras que dolieron, decisiones que pesan... traiciones que cerraron nuestro corazón. Pero hoy quiero que lo escuches desde el alma: no puedes caminar hacia un futuro nuevo arrastrando un pasado viejo.

El **Jubileo del Emprendedor** nos llama a **sanar para avanzar**. Pero sanar no significa ignorar lo que ocurrió, sino mirar tu historia con compasión y fe. Sanar es asumir responsabilidad emocional, soltar el resentimiento y decidir que ya no vas a vivir desde la herida, sino desde la sanidad.

Hay un libro que me marcó profundamente: *Los cinco pasos hacia la libertad emocional*, de David Simon. En él, el autor explica que el perdón no es para los demás... es para ti. Porque cuando sanas, te transformas. Cuando sueltas, avanzas. Y cuando decides ver tu historia como **semilla y no como sentencia**, todo cambia.

Sanar no es borrar. No es hacer como si nada pasó. Sanar es poder decir: *Sí, me dolió... pero ya no me domina.* Sanar no es un evento mágico. Es un proceso. Un compromiso contigo mismo. A veces sanas llorando. A veces sanas hablando. A veces sanas en silencio. Pero cada vez que eliges soltar... eliges **libertad**.

He aquí, yo hago nuevas todas las cosas. —Apocalipsis 21:5

Dios no borra lo que viviste. Pero sí puede usarlo para dar vida nueva. Para construir desde ahí algo más sólido. Más auténtico. Más tuyo.

Para vivir tu jubileo, necesitas liberar tu alma de lo que la estanca. Pregúntate con honestidad: ¿A quién necesitas perdonar? ¿Qué capítulo necesitas cerrar? ¿Qué recuerdo necesitas ver de otra manera para que ya no te lastime?

Porque el pasado no puede cambiarse, pero sí puede ser **sanado**. Y cuando lo sanas, lo transformas en **sabiduría**.

He visto personas desbloquear sus vidas con una sola conversación sanadora. Lo he visto muchas veces cuando alguien se levanta y dice: *Esto ya no va a tener poder sobre mí.*

El **Jubileo del Emprendedor** es una **declaración interna de dignidad**. Es ese momento sagrado en el que decides, desde lo más profundo de tu alma, que ya no vas a seguir repitiendo los mismos ciclos que te han desgastado. Que ya no vas a vivir en automático ni a sobrevivir desde la herida.

Este jubileo es **una revolución personal**, una pausa intencional en la que eliges sanar lo que duele para construir una vida que de verdad te represente.

Es amor propio en su forma más pura. Porque amar no es solo dar... es también ya no recibir lo que te lastima. Y cuando tú decides honrarte, cuando eliges construir un nuevo camino —uno más liviano, más consciente, más verdadero—, entonces empieza la verdadera transformación.

Sanar es un acto de poder. Pero no del poder que domina, sino del poder que **libera**. Sanar es liderazgo. Pero no de multitudes, sino del más difícil: el de tu propia vida. Sanar es humildad.

Porque necesitas reconocer que no puedes con todo, que hay cosas que ya no sabes cómo manejar. Y sanar... es también un acto profundo de valentía. Mirar hacia adentro da miedo. Pero también **abre puertas**.

Tal vez has funcionado bien hasta ahora, pero no estás viviendo. Estás repitiendo. Estás aguantando. Y aunque los demás piensen que estás bien, tú sabes que por dentro... hay partes que siguen lastimadas.

Por eso te lo digo con todo el corazón: **Hoy es el día.** Hoy es el día para vaciar esa mochila. Para sentarte contigo mismo y mirar lo que has venido arrastrando. Para reconocerlo, para llorarlo si es necesario, y para soltarlo sin culpa.

Hoy es el día para sanar. Para entenderte. Para hablarte con amor. Para perdonarte. Para cerrar capítulos que hace tiempo merecían su punto final. **Hoy es el día para renacer.** Solo necesitas dar un paso. Porque sí, incluso con miedo, se puede construir una vida con sentido.

No importa cuán dura haya sido la caída que tuviste... lo importante es que decidas levantarte.

No te detengas. No porque no duela. No porque sea fácil. Sino porque tu historia no ha terminado. Y aunque haya capítulos difíciles, todavía hay páginas por escribir.

Tu vida puede ser contada con **dignidad**, con **honra**, con **verdad**. Y no solo por ti. También por los que vienen detrás de ti. Tus hijos, tus amigos, tu comunidad. Porque cuando tú sanas, otros se atreven a sanar. Cuando tú decides vivir desde el propósito, no desde el trauma, inspiras a otros a hacer lo mismo. Te conviertes en prueba viviente de que sí se puede.

En tantos años liderando emprendedores, he visto personas renacer cuando sanan. Personas que pensaban que su historia ya no tenía arreglo. Personas que cargaban con una mochila llena de "hubiera", de "por qué a mí", de "ya es muy tarde". Y un día, algo cambió en ellos. No porque el pasado desapareciera, sino porque decidieron mirarlo con ojos nuevos.

Y desde ahí, desde **esa decisión**, nació una versión de ellos más libre. Más plena. Más auténtica. Eso es lo que el mundo necesita de ti.

Una versión de ti que esté libre. Libre del miedo que heredaste. Libre de la culpa que no es tuya. Libre de repetir patrones que no elegiste. Una versión que ya no viva desde el trauma... sino desde el **propósito**.

Lo mejor que puedes darle al mañana no es una agenda llena. No son logros para presumir. No es una apariencia de éxito. **Es un corazón sano.** Un corazón consciente. Un corazón en paz.

Sabemos que donde hay un dolor que todavía no ha sanado, hay también una falsa identidad. Y eso lo viví. Muchas veces me definí desde lo que me dolía. Pero un día me di cuenta de que podía construir una nueva identidad, no desde la herida, sino desde la **sanación**. Y eso, mi querido lector, es solo a través del **perdón**.

Es una elección valiente. Es mirar tu historia, abrazarla, sanarla... y usarla como piedra angular para lo que viene. Cuando te atreves a **perdonar**, no sólo limpias heridas... también abres espacio para decisiones nuevas. Decisiones que no nacen del miedo ni del deber, sino del amor por lo que viene.

Perdonar es soltar cadenas invisibles. Es abrir espacio en tu interior para que la fe, la visión y la abundancia puedan crecer. El perdón es la llave que abre la puerta del Jubileo.

El Perdón como Puerta al Jubileo

En la tradición bíblica, el jubileo era un tiempo en el que las deudas se cancelaban y los esclavos eran liberados. Era un acto radical de gracia y restauración. Y si lo piensas bien, el perdón cumple la misma función en nuestra vida hoy.

Perdonar es cancelar la deuda emocional que otros tienen contigo. Es decir: "ya no me debes nada, porque no voy a seguir viviendo atado a este dolor". Perdonar es liberar al otro, sí... pero sobre todo, es liberarte a ti.

En el mundo de los negocios, he visto cómo la falta de perdón puede convertirse en una cárcel. Empresarios que no perdonan a un socio que los traicionó, y que por años viven desconfiando de todos. Emprendedores que no se perdonan a sí mismos por un fracaso, y se sabotean cada vez que intentan empezar de nuevo.

Te voy a decir algo que he aprendido en mi propio camino y en el de miles de personas que he acompañado: **si no perdonas, no avanzas**. No puedes construir el futuro con las manos llenas de resentimiento. Tarde o temprano, necesitas soltar para poder recibir.

El perdón también es un **reinicio**. Es el botón que limpia la pantalla para que puedas escribir una nueva historia. Y lo más poderoso es que no necesitas que el otro te pida disculpas. El perdón no depende de ellos. Depende de ti.

Un acto de perdón puede transformar a una persona más que cualquier estrategia empresarial. Porque cuando el alma se libera, la mente se abre y el corazón se enciende. Y en ese momento, todo empieza a cambiar: las finanzas, las relaciones, el liderazgo.

Por eso, si deseas realmente ese reseteo total, el perdón **no es un tema opcional**. Es la base. Porque no puedes hablar de libertad financiera, de liderazgo verdadero o de construir legado, si por dentro sigues cargando cadenas de rencor.

El Perdón Más Difícil: Perdonarte a Ti Mismo

Perdonar a otros es un reto. Pero perdonarte a ti mismo puede ser todavía más difícil. Porque conoces tus errores mejor que nadie. Sabes los detalles, las veces que fallaste, las promesas que no cumpliste. Y si no tienes cuidado, esa voz interna puede convertirse en un juez cruel que no te deja avanzar.

He conocido empresarios brillantes que, después de una mala decisión financiera, se quedaron atrapados en la culpa. No era la pérdida de dinero lo que más les dolía... era la vergüenza. Y esa vergüenza los llevó a tomar decisiones con miedo, a esconder su potencial, a dejar de soñar en grande.

Analiza esto con atención: **no eres la suma de tus errores, eres la suma de tus decisiones de hoy**.

Perdonarte a ti mismo no significa justificar lo que pasó. Significa mirarlo de frente y decir: "sí, me equivoqué... pero ya no voy a vivir desde ese error". Significa aprender la lección y avanzar más sabio, más fuerte, más consciente.

En mi experiencia, he visto cómo la culpa consume energía que podrías **usar para construir**. Cuando la sueltas, recuperas creatividad, claridad y enfoque. Y eso se refleja en tu liderazgo. Porque un líder que ha aprendido a perdonarse, lidera con humildad. No desde la perfección, sino desde la autenticidad.

Hay una frase que siempre comparto en mis programas: "El perdón es el regalo que le das a tu futuro". Porque si no te sueltas del pasado, no puedes abrazar la visión que Dios tiene preparada para ti.

El Perdón que Transforma Comunidades

El perdón no solo cambia vidas individuales. También tiene el poder de transformar equipos, familias y hasta comunidades enteras.

Piensa en un líder que dirige una empresa. Si ese líder guarda resentimiento, tarde o temprano lo transmite en sus decisiones: desconfianza, dureza, falta de empatía. Pero cuando ese mismo líder elige perdonar, crea una cultura distinta: un ambiente de confianza, de aprendizaje y de crecimiento.

He trabajado con otros emprendedores que, después de una traición o un mal negocio, decidieron no quedarse en el rencor. Y esa decisión cambió la forma en que lideraban. En vez de transmitir miedo, transmitieron resiliencia. En vez de culpar, enseñaron. En vez de vivir a la defensiva, comenzaron a construir con una visión más clara.

Desafortunadamente, hay hogares enteros que cargan heridas de generaciones. Padres e hijos que no se hablan. Hermanos divididos por palabras dichas en un momento de ira. Y lo que más me impresiona es cómo, cuando una sola persona decide perdonar, el ambiente cambia. El silencio se rompe. La unidad regresa.

Ese también es el **Jubileo**. Una liberación que no se queda en ti, sino que se expande a quienes te rodean. Cuando eliges perdonar, inspiras a otros a hacerlo. Tu vida se convierte en un ejemplo vivo de lo que significa soltar cadenas y vivir ligero. El perdón no solo te libera a ti... también lidera. Porque cada vez que eliges soltar, abres el camino para que otros se atrevan a hacer lo mismo.

Perdonar para Avanzar

El perdón es el acto más valiente que puedes elegir. Porque no se trata de olvidar, ni de justificar, ni de hacer menos lo que pasó. Se trata de decidir que tu futuro vale más que tu herida. Se trata de dar un paso hacia adelante aunque todavía duela.

Cuando eliges perdonar, tu energía cambia. Tu visión se aclara. Tus relaciones comienzan a sanar. Incluso tus decisiones financieras y empresariales se transforman, porque dejas de actuar desde el miedo y comienzas a construir desde la libertad.

El **Jubileo del Emprendedor** no es solo un concepto bonito. Es un proceso real, profundo, que requiere que sueltes todo aquello que te ata. Y nada ata más que el rencor. Si quieres romper cadenas de deuda, de escasez, de falta de propósito, primero tienes que romper las cadenas invisibles del resentimiento. Especialmente el más común en el ser humano: el resentimiento hacia los padres, el cual es el lastre emocional para muchos emprendedores.

Aquí está el secreto: **el perdón no es un evento, es un estilo de vida.** Cada día tendrás la oportunidad de elegir soltar, elegir comprender, elegir avanzar más ligero. Y cada día que lo haces, te conviertes en un líder más fuerte, más humano y más inspirador.

Yo lo he visto en mi vida y en la de muchos de mis alumnos y clientes. Cuando una persona decide perdonar, algo se desbloquea. La creatividad fluye. Las oportunidades aparecen. Las puertas se abren. Porque donde antes había un muro de resentimiento, ahora hay un camino libre para la visión y la abundancia.

Y si en este momento sientes que hay algo que todavía duele, quiero invitarte a no postergarlo más. No esperes a tener todas las respuestas. No esperes a que el otro cambie. No esperes a que el tiempo lo borre. El perdón no depende del tiempo. Depende de tu decisión.

Este es tu Jubileo. Este es tu nuevo comienzo.

CAPÍTULO 5

Una Nueva Mentalidad, Una Nueva Realidad

No podemos resolver los problemas con la misma mentalidad que los creó.

—ALBERT EINSTEIN

La historia de **Mateo Salvatto** me hace pensar en cómo cambia todo cuando renuevas tu forma de pensar. Mateo es un joven argentino que creó una aplicación llamada *Háblalo* para ayudar a personas con dificultades para hablar. Él no nació sabiendo tecnología; simplemente tenía la convicción de que quería ayudar y empoderar. Y ese fue su quiebre mental: entender que la solución estaba dentro de su cabeza, antes que en las herramientas que usaba.

Él decidió no seguir pensando que ciertas cosas eran imposibles. En lugar de eso, asumió que podía hacerlo y actuó. Esa mente soñadora e ingeniosa lo llevó a ser director de innovación y cambiar su realidad... y la de miles.

Si deseas una vida nueva, no basta con cambiar de lugar o de circunstancias. Tienes que cambiar tu forma de pensar. Porque tu realidad es el reflejo de tu mentalidad. Y si quieres entrar en tu Jubileo, necesitas renovar tu mente. Dejar atrás la mentalidad de víctima y despertar a la **mentalidad de visionario**.

La mentalidad es la raíz de todos tus resultados. Si piensas en escasez, verás escasez. Si piensas con fe, verás oportunidades. Si piensas como líder, atraerás influencia. Pero si tu mente está atrapada en patrones de derrota, jamás vivirás la victoria verdadera.

El **Jubileo del Emprendedor** es ese momento para sacudir tus pensamientos. Para limpiar tu cerebro de creencias que te frenan y sembrar nuevas semillas de fe y liderazgo. Tu mente es tu campo de batalla... y también tu arma más poderosa.

No os conforméis a este siglo, sino transformaos por medio de la renovación de vuestro entendimiento. —Romanos 12:2

El entorno moldea tu mentalidad

Cambiar tu mentalidad requiere **intención**. No es automático. No se logra con solo repetir frases bonitas o llenar una libreta de afirmaciones. Cambiar tu mentalidad es un **acto de conciencia diaria**. Es como sembrar todos los días una nueva semilla en tu mente y tener el valor de arrancar de raíz las malas hierbas que crecieron sin darte cuenta.

De niño aprendí a sembrar la tierra. Hoy sé que no solo hay que cuidar lo que se siembra en la tierra..., tenemos que cuidar también lo que se siembra en la mente.

Necesitas rodearte de nuevas voces, de libros que edifiquen, de personas que te desafíen a crecer. Necesitas dejar de escuchar a los que apagan tu fe y comenzar a nutrirte de palabras que avivan tu visión. Porque tu entorno moldea tu pensamiento, y tu pensamiento moldea tu destino.

Hay un libro que se titula *Mindset: la actitud del éxito*, de **Carol Dweck**. Aquí la autora nos explica la diferencia entre una **mentalidad fija** y una **mentalidad de crecimiento**. Mientras una te hace creer que ya naciste con un techo, la otra te recuerda que siempre puedes crecer, mejorar y reinventarte. Que el fracaso no es una sentencia, sino una escalera. Y esa idea es poderosa.

Porque si tú hoy estás enfrentando retos, tal vez lo que necesitas no es un cambio de ciudad, ni de trabajo, ni de pareja. Tal vez lo que necesitas es un cambio de mentalidad.

La nueva mentalidad no es una moda. Es un **estilo de vida**. Es aprender a responder diferente. Es ver el fracaso como una lección, no como un final.

Es ver los retos como oportunidades para elevarte. Es ver el proceso como parte del plan. Es entender que cada vez que eliges un pensamiento nuevo, estás construyendo **una vida nueva**.

Hace un tiempo conocí a una joven madre soltera. Había crecido en un ambiente difícil, donde todo era escasez, miedo, peleas. Ella decía:

—Yo crecí escuchando que los ricos eran malos, que tener dinero era peligroso, que la vida era una lucha diaria.

Pero cuando empezó a trabajar en su mentalidad, algo cambió en ella. Comenzó a leer libros distintos. Comenzó a asistir a nuestras sesiones, a rodearse de personas con fe, con visión.

Al cabo de unos meses, no solo empezó su propio negocio desde casa, sino que su lenguaje y sus hábitos eran otros. Ahora decía con entusiasmo:

—Estoy construyendo algo para mis hijos. Y con una mentalidad renovada, sé que **sí se puede**.

Eso es el Jubileo del Emprendedor. Eso es lo que pasa cuando cambias tu entorno, tu manera de pensar... y como consecuencia, tu manera de vivir.

Tu mente como motor de tu destino

Tener una mentalidad nueva no significa que nunca vas a sentir dudas. Lo que significa es que ya no vas a dejar que esas dudas gobiernen tus decisiones. Y eso, querido lector, es un gran avance. Yo mismo he tenido miedo. He dudado de mí, de mi camino, de si era suficiente o si estaba preparado.

Pero con el tiempo aprendí algo que me cambió por completo: las dudas no desaparecen por completo... lo que cambia es quién toma el volante, si tu fe o tu miedo. Y cuando es la fe quien guía, todo en tu vida comienza a moverse de otra manera.

Recuerdo una vez, en una reunión de negocios, un hombre se levantó con voz temblorosa y dijo: "Tengo miedo de volver a fracasar". Hizo una pausa, respiró profundo, y agregó: "Pero tengo más miedo de quedarme donde estoy".

El miedo no es tu enemigo. El miedo es solo una señal. Un recordatorio de que estás saliendo de tu zona cómoda y caminando hacia algo nuevo. Tener una mentalidad renovada no es que el miedo desaparezca. Es que aprendes a avanzar incluso con él.

Cuando tu fe se vuelve más fuerte que tu miedo, tu visión más fuerte que tus excusas, y tus decisiones más alineadas con tu propósito que con tu pasado... ahí es cuando tu mente se convierte en el verdadero motor de tu destino.

Y te lo digo desde el corazón: si tú pudieras ver todo lo que hay del otro lado de tus pensamientos limitantes, si pudieras asomarte a la vida que puedes construir solo cambiando una idea antigua por una nueva, no lo pensarías dos veces. Lo harías ahora.

Porque todo comienza en tu mente. Es el terreno donde se siembra todo lo que después florece en tu vida. Lo que crees de ti mismo termina definiendo cómo actúas, cómo te relacionas, qué aceptas y hasta qué sueñas.

Por eso quiero invitarte a hacer una declaración. No una frase bonita para repetir. Una declaración honesta, profunda, hablándole directamente a tu mente y corazón:

"Yo renuevo mi mente. Yo dejo atrás la escasez, la queja, el temor, la mediocridad. Yo abrazo una mentalidad de fe, de abundancia, de visión, de liderazgo, de responsabilidad y de acción".

Ese es el lenguaje del jubileo. El lenguaje de los que están listos para conquistar su destino.

Sí, conquistar. Esa palabra me encanta. Porque el propósito no se alcanza por accidente. Se conquista. Se construye con intención. Se pelea con mentalidad, con compromiso, con fe viva, con visión clara.

Muchas personas han transformado su mundo con un cambio simple pero radical de pensamiento. Gente que no cambió su entorno de inmediato, pero cambió lo que pensaba de sí misma. Y eso fue suficiente.

Una vez, una mujer me dijo totalmente abrumada: *No sé por dónde empezar. Siento que todo está fuera de control.* Pero yo escuché en su voz algo que ella aún no notaba: **determinación**. Le pregunté: *¿Estás dispuesta a pensar de otra manera, aunque todavía no lo sientas por dentro?* Y me respondió: *Estoy dispuesta.*

Eso bastó. Hoy tiene su propio negocio, una comunidad que inspira, y una paz interior que antes no conocía. ¿Qué cambió primero? **Su mente.** Su forma de hablarse. Su forma de verse. Su forma de decidir. Porque cuando tu mentalidad cambia... todo cambia.

Tu energía cambia. Tu lenguaje cambia. Tu manera de caminar cambia. Tus relaciones, tus prioridades, hasta tu forma de orar… todo se alinea con esa nueva forma de pensar.

Por eso insisto tanto en esto. **Renueva tu mentalidad.** Cuida lo que piensas. Rodéate de gente que te eleve. Consume contenido que te construya. Lee libros que te inspiren, escucha podcasts, analiza audiolibros y audios motivacionales, **invierte en ti**. Sé lo que pasa cuando alguien se atreve a pensar diferente. Lo he visto una y otra vez.

Ahora, cuando tu mente se renueva y ya estás pensando con determinación, es momento de dar el siguiente paso. Aunque has de saber algo más… al cambiar de mentalidad, también crecen los desafíos, y pocos se atreven a mirar con fe. Lo que viene en el siguiente capítulo no es teoría, es práctica pura: descubre cómo **despertar esa fuerza dentro de ti** que te muestre la dirección de tu camino…

CAPÍTULO 6
El Poder de una Nueva Visión

La visión es el arte de ver lo invisible.

—Jonathan Swift

Quiero contarte algo que le pasó a **Chris Gardner**, el hombre cuya historia inspiró la película *En busca de la felicidad*. Cuando era joven, vivió muchos días sin hogar, cuidando de su hijo pequeño mientras trataba de conseguir un trabajo. Dormían donde podían: en oficinas vacías, refugios, moteles baratos, incluso estaciones de tren. Pero en medio de todo ese dolor, **él no perdió la visión** de lo que quería para su vida.

Chris soñaba con una vida distinta, aunque casi nadie creía que lo lograría. Sin embargo, nunca dejó de imaginar un futuro diferente. Esa imagen clara en su corazón lo impulsó a seguir adelante aun cuando todo parecía perdido. Esa es **la**

esencia de la visión: ver con el corazón lo que todavía no está frente a los ojos.

Querido lector, tener una visión es tener un **mapa interno** que te guía cuando no puedes ver el camino completo. No es solo una idea. Es una fuerza que te levanta cuando todo se cae. Es la luz que te guía en la oscuridad, el lenguaje que habla de propósito y sueños grandes.

Uno de los regalos más grandes del **Jubileo del Emprendedor** es esta oportunidad de mirar hacia adelante con nuevos ojos. No con los ojos que huyen de lo que pasó, sino con los ojos que corren **hacia lo que puede ser**. Tener una nueva visión marca la diferencia de los que se atreven a soñar de los que nunca lo intentan. Porque una persona con visión no se rinde fácilmente... sabe que lo que ve con el corazón vale mucho más que lo que se ve con el miedo.

Donde no hay visión, el pueblo se extravía. —Proverbios 29:18 (NVI)

Tu visión no tiene que ser entendida por todos. No tiene que ser perfecta. Pero sí tiene que ser **tuya**. Nacida de lo profundo. Encendida por la fe. Impulsada por la pasión. Y sostenida por la acción diaria.

Cuando el talento no basta

En el libro *Empieza con el por qué*, Simon Sinek nos recuerda que, los grandes líderes, no inspiran por lo que hacen, sino **por la razón** por la que lo hacen. Eso es visión. Saber por qué estás aquí, para qué fuiste creado y hacia dónde estás caminando.

Muchos fracasan no porque no tengan talento, sino porque no tienen visión. Tienen habilidades, carisma, inteligencia, incluso disciplina. Pero no tienen un rumbo. Viven apagando fuegos en lugar de construir futuros. Viven ocupados, pero no enfocados. Productivos, pero no direccionados.

He conocido personas con dones extraordinarios que, por **falta de visión**, terminaron desgastados, frustrados, viviendo muy por debajo de su potencial. Y no porque les falte algo, sino porque no han **decidido** ver más allá del momento. Porque no basta con saber hacer algo... tienes que saber **para qué** lo haces.

Recuerdo a un joven que asistió a uno de mis talleres. Tenía ideas brillantes, múltiples talentos, pero estaba estancado. Me dijo:

—*Alexis, siento que estoy dando vueltas en círculos.*

Le pregunté:

—*¿Tienes clara tu visión?*

Me miró en silencio, bajó la cabeza y dijo:

—*No.*

A partir de ese momento empezamos a **trabajar juntos** en definir su visión. Y cuando lo hizo, su energía cambió. Su agenda mejoró. Sus decisiones comenzaron a alinearse. Porque cuando sabes a dónde vas, el "cómo" comienza a tomar forma.

Tu visión es la brújula. La gasolina. La raíz. La antorcha. Sin visión, **tu vida es vulnerable a la confusión**, al desgaste, al ruido de las opiniones ajenas. Pero con visión, puedes filtrar decisiones. Puedes soportar procesos. Puedes avanzar con certeza, incluso en días nublados. Y eso es lo que quiero para ti.

El mapa hacia tu mejor versión

Mi estimado lector, hoy quiero desafiarte con una pregunta simple, pero poderosa: ¿Qué estás viendo? ¿Hacia dónde estás caminando? ¿Qué versión futura de ti estás construyendo con los pensamientos, hábitos y decisiones que estás tomando hoy?

Porque si no tienes visión, te conformarás con cualquier camino. Pero si tienes visión, cada paso cuenta. Cada día importa. Cada decisión suma. Y no importa cuántas veces te hayas desviado en el pasado, lo importante es que **a partir de hoy** elijas caminar con intención.

Una visión no se impone. Se descubre. Se cultiva. Se confirma en el silencio y se afirma en el movimiento. Es esa imagen de ti haciendo aquello que te enciende el corazón y **bendice a otros**. Es la versión de ti que honra tu historia, pero no se queda atado a ella.

Haz de tu visión tu refugio en los días difíciles y tu combustible en los días normales. Escríbela. Visualizala. Habla de ella. Ora por ella. Trabaja por ella. Rodéate de personas que la respeten, que la celebren, que la impulsen. Porque esa visión es la semilla de tu grandeza.

Y recuerda: la visión no solo se trata de lo que puedes lograr. Se trata de quién te estás convirtiendo mientras lo logras. Ese es el verdadero éxito.

Una decisión que da sentido

A muchos emprendedores, no les faltan recursos. Les falta una brújula. Porque cuando no tienes una visión clara, **cualquier camino parece atractivo**... hasta que te das cuenta de que estás dando vueltas sin llegar a ningún lado.

Por eso insisto tanto en que definas tu visión. El que no tiene una visión clara termina sirviendo a la visión de alguien más. Y eso no es liderazgo. Eso es vivir en automático. Reaccionar en lugar de construir. Adaptarse a la agenda de otros en lugar de marcar tu propio rumbo.

No puedes liderar tu vida si no sabes a dónde vas. Y si tú hoy no tienes una visión clara, no te preocupes. No estás solo. A todos nos pasa. De hecho, los momentos más valiosos muchas veces comienzan con una simple pausa y una gran pregunta.

Puedes comenzar por algo sencillo pero transformador: **hazte preguntas**.

- ¿Qué me emociona profundamente?

- ¿Qué tipo de impacto quiero dejar?

- ¿Qué quiero ver crecer en los próximos cinco años?

Estas preguntas no solo abren la mente... **abren el corazón**. Incluso, en medio del dolor más profundo, se puede redescubrir el propósito en la vida. Y se puede hacer no desde la lógica, sino desde el alma. Porque una visión poderosa no nace en un pizarrón... nace en lo más profundo del espíritu.

Y tú, si escuchas con atención, vas a notar que tu visión ya está ahí. Tal vez dormida. Tal vez escondida debajo de miedos y dudas. Pero **viva**. Presente. Esperando que la tomes de la mano y la empieces a construir con decisión, con fe, con valentía.

Tu visión no tiene que ser grande para los demás. Tiene que ser real para ti. Tal vez no se trata de cambiar el mundo entero. Tal vez se trata de cambiar **tu mundo primero**: tu casa, tu comunidad, tus hábitos. Tal vez tu visión comienza con restaurar una relación, con crear algo desde cero, con volver a estudiar, con emprender algo que has postergado por miedo.

Y cuando decides abrazarla, todo empieza a cambiar. Tu energía cambia. Tu forma de caminar cambia. Tu lenguaje cambia. Porque ya no te mueves desde la presión, sino **desde la dirección**. Cuando una persona **define su visión**, algo se activa en su interior que no se puede apagar.

No hay nada más poderoso que una mente clara y un corazón encendido por una visión. Y una vez que esa visión se enciende dentro de ti, no hay vuelta atrás. Ya no puedes conformarte con sobrevivir, ni aceptar una vida a medias. Algo se activa en tu interior que te empuja a moverte, a avanzar con propósito, a liderar con el corazón encendido.

Pero aquí viene algo interesante: por más clara que tengas tu visión, si no tienes **una fuerza especial** que la alimente cada día, tarde o temprano se te va a apagar.

Esa fuerza no se compra ni se enseña en una sala de conferencias... se enciende desde lo más profundo. Es la energía interior que te levanta del suelo cuando todo se cae.

Es el fuego que transforma lo común en extraordinario. Y lo más sorprendente es que ya está dentro de ti. Lo que estás a punto de descubrir en las siguientes páginas, puede ser lo que necesitas para convertir tu visión en una misión imparable...

AGENDA UNA CITA

Alexis Adame

¿Listo para reiniciar tu vida y tu negocio?

Agenda una sesión con Alexis Adame y descubre cómo liberar tu mente, ordenar tu mundo interior y avanzar con una visión renovada hacia una vida de propósito, libertad y abundancia.

Descubre *las estrategias* que te ayudarán a avanzar con claridad, dirección y paz.

Eleva tu mentalidad. Reconecta con tu propósito

Reserva Una Sesión Hoy

Alexis Adame

Mentor

ESCANEAR AQUÍ

+1 972 670 4138

CAPÍTULO 7

Encendiendo la Pasión por Vivir

El fuego interior es el que ilumina
el camino del propósito.

—Robin Sharma

Quiero contarte algo sorprendente sobre **Frida Kahlo**, la artista mexicana que todos conocen por sus pinturas con colores vivos y su lucha por lo que amaba. Frida creció con un gran deseo de expresarse, incluso después de sufrir un accidente muy duro cuando era niña. Su cuerpo quedó con mucho dolor, pero su corazón y su pintura nunca se apagaron. Decidió vivir con pasión... y eso le dio fuerza para crear arte que todavía hoy inspira al mundo.

Cuando pienso en Frida, recuerdo una noche en la que me sentí igual: cansado, sin energía, como si mi alma pesara más que mi cuerpo. Me pregunté: ¿qué pasó con mi fuego interior? Pero Frida me enseñó algo profundo: aunque el dolor esté en el cuerpo, la pasión puede mantenerse viva.

La palabra "pasión" viene del latín *passio*, que significa "sufrimiento" o "capacidad de aguantar". Se relaciona con el verbo *pati*, que quiere decir "padecer" o "soportar".

En sus orígenes, la pasión no se entendía como entusiasmo o alegría, sino como **la fuerza interior para resistir algo grande, incluso doloroso**. Por eso hablamos de "La Pasión de Cristo", refiriéndonos a Su entrega y sufrimiento.

Con el tiempo, la palabra evolucionó. Pasó de significar solo sufrimiento... a significar también aquello por lo que **vale la pena sufrir**. Hoy, cuando decimos "pasión", no hablamos solo de emoción, hablamos de ese fuego que nos mueve a entregar la vida, el tiempo y el corazón en algo que creemos que importa.

Por eso, querido lector, cuando te hablo de pasión no me refiero a un simple entusiasmo. Me refiero a esa **fuerza interior** que soporta pruebas, que no se rinde, y que te conecta con lo que realmente le da sentido a tu vida.

Sin **pasión** no hay movimiento. Sin pasión, la visión se apaga.

La pasión es ese fuego en tu corazón que despierta tus sentidos, enciende tus días y da color a tu propósito. Es lo que te hace levantarte cuando todo parece difícil, seguir cuando otros se han rendido, y recordar por qué iniciaste cuando el camino se vuelve duro.

Durante tu **Jubileo del Emprendedor,** necesitas encender esa chispa que tal vez se apagó entre la rutina, las fallas o el cansancio. Tú naciste para vivir con fuego, con deseo de crecer y de hacer algo que importe. Cuando vives con pasión, no necesitas motivación externa... ya estás encendido por dentro. Esa es la clave de una vida plena: dejar que tu fuego interno hable por ti, no al revés.

La pasión se cultiva, no se espera

Porque Dios no nos ha dado espíritu de cobardía, sino de poder, de amor y de dominio propio. —2 Timoteo 1:7

La pasión no es algo que simplemente aparece, es algo que se **cultiva.** Se alimenta con tus decisiones, con tus hábitos, con tus pensamientos. Nace de conocerte, de hacer lo que amas, de servir con alegría, y de creer que tu vida tiene un propósito mayor.

En su libro *El monje que vendió su Ferrari*, Robin Sharma dice que el fuego interior es lo que transforma una vida común en una vida extraordinaria. Y estoy totalmente de acuerdo. Porque lo que diferencia a quienes realmente dejan huella no es el talento... es el fuego con el que viven.

Cuando descubres lo que enciende tu alma, todo cambia. Tu energía se multiplica, tu mente se agudiza, tu corazón se llena. La pasión es combustible para tus sueños y medicina para tu alma. Y es tan poderosa que incluso en medio de pruebas puede mantenerte firme y con esperanza.

Muchos me preguntan:

—*¿Y si no sé cuál es mi pasión?*

Yo siempre les respondo:

—*Empieza por descubrir qué harías sin que te pagaran. Lo que te inspira a ponerte en movimiento. Lo que te hace olvidar el reloj. Analiza cuál es la mayoría de los libros que compras. Los videos que ves en YouTube. Los temas que más te interesan.*

Ahí, en esas pistas pequeñas, está tu fuego esperando ser avivado.

Vuelve a vivir con fuego

Si has estado viviendo apagado, indiferente o sin rumbo, este es tu momento. Este es tu jubileo. El tiempo de volver a sentir, de volver a creer, de volver a vivir con intensidad.

No viniste al mundo a sobrevivir. Viniste a **brillar**. A dejar huella. A encender a otros con tu fuego. Y te lo digo con todo el corazón: no importa si llevas años sintiéndote así. **Nunca es tarde para volver a vivir con fuego.** De hecho, algunos de los fuegos más fuertes se encienden en la noche más oscura.

No apagues lo que Dios encendió en ti. Ese brillo, ese llamado, esa sensibilidad, ese talento... no los entierres por miedo al juicio o al fracaso. Porque una vida vivida con fuego es una vida que transforma. Una vida que deja legado.

Vive con pasión. Trabaja con pasión. Ama con pasión. Sirve con pasión. Tu energía es contagiosa. Y cuando tú te enciendes, otros también se encienden.

Recuerda que la pasión no es gritar o hacer cosas grandes todo el tiempo. La pasión es la **consistencia** con la que haces lo que amas. Es el corazón que le pones a cada acción. Es decidir que cada día vale la pena, y por eso vas a vivirlo con intención.

En el libro *Despierta tu héroe interior*, de **Víctor Hugo Manzanilla**, se habla de cómo muchas personas han enterrado su pasión debajo de la rutina. Y que el primer paso para reencontrarse es simplemente **detenerse y mirar dentro de uno mismo**.

Por eso hoy quiero invitarte a que enciendas esa parte de ti que estaba dormida. Que te atrevas a volver a soñar. Que no dejes que la rutina apague tu alegría. Que no dejes que el miedo detenga tu impulso.

Recuerda cuando eras niño y algo te emocionaba tanto que no podías esperar a levantarte al día siguiente. Ese fuego no se fue. Solo **se cubrió** de capas de lógica, de presión, de obligaciones. Pero sigue ahí.

Vuelve a conectar con tu esencia. Haz lo que te hace vibrar. Escucha música que te eleve. Ríe hasta que te duela el estómago. Habla con personas que te eleven. Camina descalzo si es necesario. Grita, salta, crea. Pero no te quedes quieto en un lugar que te apaga.

Y si no sabes por dónde comenzar, empieza por encenderte **al servicio de otros**. Una de las formas más rápidas de avivar el fuego interno es servir a alguien más. Cuando das, sin esperar, **algo se enciende en ti**. Algo puro. Algo que no se logra con títulos, dinero o fama. Se logra con propósito.

Porque tú tienes una misión. Y ese fuego interior es la señal de que sigues vivo... y de que todavía hay mucho por construir. No esperes a que el dolor sea lo que te despierte. No esperes a tocar fondo para darte cuenta de que mereces más. El momento es **ahora**.

¿Cuántas veces dejamos pasar los días? Como si hubiera mucho tiempo para después. Como si la pasión pudiera posponerse para cuando las cosas estén "mejor" o "más tranquilas". Pero el alma no tiene botón de pausa. El fuego interior no fue creado para apagarse lentamente. **Fue creado para arder con propósito**.

Yo he visto personas esperar hasta que pierden todo para empezar de nuevo. Hasta que se enferman, hasta que un ser querido parte, hasta que el negocio se derrumba. Y ahí, en medio del vacío, se preguntan: *¿Por qué no lo hice antes?*

No quiero que ese sea tu caso. Quiero que te levantes hoy con la convicción de que tu vida merece ser vivida con intensidad, con intención, con pasión. Que no necesitas más tiempo, ni más dinero, ni más estudios para comenzar a encender tu fuego. Solo necesitas **una decisión**. Solo necesitas creer que lo que arde dentro de ti no es casualidad... es un llamado.

Y si tú ardes, otros también se van a encender.

Porque cuando tú vives con fuego, **inspiras**. Y cuando tú inspiras, **lideras**. Y cuando lideras, **cumples tu propósito**. Tu pasión no es un lujo. No es un "extra" para los privilegiados. Es una herramienta de transformación.

Es el lenguaje que entiende tu alma. Es la chispa que activa tu creatividad, tu energía, tu servicio. Hay gente que está esperando tu fuego. Esperando ver tu luz, para animarse a encender la suya. Pero si tú te apagas, si tú te retraes, si tú escondes tu brillo por miedo a fallar o a incomodar..., entonces el mundo pierde algo irrepetible.

En el libro *Atrévete a no gustar*, de **Ichiro Kishimi y Fumitake Koga**, se habla del poder de vivir desde la autenticidad. De dejar de vivir desde lo que los demás esperan, y empezar a vivir desde la pasión que tú tienes. Y eso es lo que quiero para ti. Que tengas la valentía de **encenderte**, incluso si otros no entienden tu fuego.

Esa luz no fue puesta en ti para que la escondas, sino para que la compartas. Así que pregúntate hoy: *¿Qué me está apagando? ¿Qué me está frenando? ¿Qué estoy esperando?* Y sobre todo... *¿qué pasaría si decidiera encenderme hoy, con lo que tengo, donde estoy, sin más excusas?*

No tienes que esperar a que todo esté en orden para empezar. Solo basta una chispa... una simple idea que puede nacer aquí, en este momento, mientras lees estas líneas. Una chispa que se convierte en rumbo cuando tomas una decisión definitiva contigo mismo. Y si no sientes esa fuerza para sostener ese fuego, para convertirlo en pasos reales y construir lo que llevas dentro, puedes buscarme con toda confianza en los datos que encontrarás en este libro. **Yo te ayudo.** Sé lo que es caminar con la llama bajita... y también sé lo que sucede cuando decides encenderte otra vez.

Así que hoy, deja de posponer tu pasión. Deja de esperar que el dolor te despierte. **Despierta tú. Decide tú. Levántate tú mismo.**

Cuando tu pasión se despierta, entonces comienzas a ver con más claridad... pero también empiezas **a sentir** con más profundidad. Porque encenderte no solo despierta tu propósito, también revela todo aquello que **durante años apagaste** para poder sobrevivir. Y es ahí donde aparece un concepto clave en el camino de los que quieren transformar su vida.

Ahora, es muy común que cuando ese fuego se enciende... aparece una palabra que pocos quieren escuchar. No suena emocionante, no luce en redes sociales, no levanta aplausos.

Pero es la que sostiene tus sueños cuando la emoción se va. La que te hace avanzar cuando ya no tienes música de fondo ni motivación instantánea. Y te lo digo bien claro: lo que estás a punto de descubrir parece simple... pero es una de las fuerzas más poderosas que tiene alguien **que está decidido** a conquistar su destino. Aquí es donde muchos se rinden... pero tú no. Tú vas a pasar. Porque lo que viene puede cambiarte la vida.

CAPÍTULO 8

La Disciplina que Transforma

*La disciplina es el puente entre
las metas y el logro.*

—Jim Rohn

Quiero contarte algo increíble sobre **Malala Yousafzai**, la niña valiente de Pakistán que, a los 11 años, empezó a escribir sobre lo importante que es ir a la escuela. La escribía con un nombre falso para protegerse, porque en ese lugar no estaba bien que las niñas estudiaran. A los 15, sufrió un ataque muy grave, casi pierde la vida. Pero, ¿sabes qué hizo después? Siguió luchando por la educación de las niñas en todo el mundo.

Malala no lo hizo porque era ingenua. Lo hizo con disciplina. Cada día se levantaba y **elegía persistir**, aunque estaba herida y con miedo. Esa disciplina fue el puente entre su sueño de que todas las niñas pudieran estudiar y el logro real de llevar ese mensaje a millones de personas.

La pasión y la visión son vitales, pero sin **disciplina**, se quedan en ilusiones. La disciplina es ese compromiso que te hace seguir adelante: hacer lo que debes hacer, cuando lo tienes que hacer, aunque no tengas ganas o te duela.

La conquista de tu éxito será el resultado de esos hábitos y decisiones disciplinadas que, día tras día, minuto a minuto, te acercan a tu destino.

En tu **Jubileo del Emprendedor**, la disciplina está asociada a la libertad que tanto anhelas. No se trata de castigo. Es amor propio en acción. Es decirle a tu futuro: "Estoy comprometido contigo". Es construir ese **puente** entre tus sueños y lo que puedas lograr.

Hábitos que sostienen la libertad

Todo lo que hagáis, hacedlo de corazón, como para el Señor y no para los hombres. —Colosenses 3:23

Quiero dejar bien claro que la disciplina no es un castigo o una restricción. Más bien es un acto de amor propio y de respeto hacia tu propósito.

Es la herramienta que te permite transformar tu vida, **un paso a la vez**. Sin disciplina, la pasión se apaga y la visión se pierde. En el libro *Los 7 hábitos de la gente altamente efectiva*, Stephen Covey nos recuerda que el carácter se forma a partir de nuestros hábitos.

Y son los hábitos los que definen nuestra libertad. Porque una persona que no domina sus hábitos será esclava de sus emociones, de sus impulsos, de las circunstancias.

Desarrollar disciplina requiere perseverancia y paciencia. Requiere aprender a decir "no" a las excusas, a las distracciones, y a la zona de confort. Requiere **establecer rutinas que nutran tu mente, tu cuerpo y tu espíritu**.

Porque un cuerpo sano, una mente enfocada y un espíritu alineado, son la base para vivir en plenitud.

Una vez, en la ciudad de Los Ángeles, California, al terminar una presentación de negocios, una persona se acercó a mí y me dijo:

—*Alexis, yo quiero cambiar, pero no sé por dónde empezar.*

Le contesté:

—*Empieza por lo pequeño.*

Un hábito diario. Una hora de enfoque. Una promesa que sí puedas cumplir. Porque cuando cumples en lo pequeño, te entrenas para lo grande.

Y si hoy no tienes una estructura, una guía, un sistema... **busca ayuda**. Rodéate de personas que ya estén viviendo ese estilo de vida que buscas, líderes que ya encontraron el resultado de la disciplina. Únete a un equipo y sigue un plan. Esto es crucial para ayudarte a mantenerte enfocado cuando la emoción se acabe.

Tu éxito no es cuestión de suerte

Muchos hemos estado ahí. Empezamos con entusiasmo. Compramos una libreta nueva. Hacemos la lista de propósitos. Publicamos el inicio en redes sociales. Pero después de unos días, el entusiasmo se va. Y lo que nos queda... es seguir trabajando con la disciplina y la constancia.

Por eso hoy, querido lector, te invito a que te comprometas contigo mismo. No con un resultado inmediato. No con la perfección. Sino con el **proceso**. Con el paso firme, aunque pequeño. Con el hábito diario, aunque sea simple.

A que definas tus hábitos con intención. A que construyas un plan claro y realista que te guíe en tu camino hacia el **Jubileo del Emprendedor. Recuerda: la libertad que anhelas depende de la disciplina que ejercites hoy.**

No existe éxito sin esfuerzo constante. No existe plenitud sin hábitos intencionales. No existe verdadera transformación si no tomas las decisiones necesarias.

La disciplina no siempre se siente emocionante. Es como sembrar una semilla: al principio no ves nada. Pero si riegas, si cuidas, si esperas... un día florecerá.

Sin hacer ruido. Sin aplausos. Simplemente la semilla florece.

En su libro *Hábitos Atómicos*, **James Clear** dice algo poderoso: "No subimos al nivel de nuestras metas, caemos al nivel de nuestros sistemas".

Y eso es lo que nos cambia: **sistemas** sostenibles, **rutinas** conscientes, **decisiones** repetidas con propósito. Y eso es lo que yo quiero para ti. Que tu vida florezca. Que tus sueños se conviertan en metas. Que tu libertad sea real, no solo emocional, sino estructural. Que no dependas de la motivación del momento, sino de la fuerza del compromiso.

Porque tú no fuiste creado para vivir a medias. Tú fuiste creado para florecer. Tu éxito no será cuestión de suerte, sino de **consistencia**. Cada pequeño acto disciplinado es una inversión en tu futuro. Cada hábito saludable, cada hora dedicada, cada momento de enfoque es una piedra en el edificio de tu legado.

Yo lo he visto en mi propia vida y en las miles de personas con las que he trabajado: los que triunfan no son los más talentosos. Son los más constantes. Los que siguen incluso cuando no sienten. Los que confían en el proceso más que en el resultado inmediato. Así que no te dejes engañar por la cultura de la gratificación instantánea. No necesitas hacer todo en un día. Solo necesitas **hacer algo cada día**. Y eso sí lo puedes lograr.

Comienza por establecer una rutina matutina. Por elegir bien lo que escuchas, lo que ves, lo que lees. Por ponerle horario a tus metas. Por cumplir promesas pequeñas hasta que estés listo para las grandes.

Echando raíces

Quiero contarte algo que siempre me ha impresionado: **la historia del bambú**. La primera vez que la escuché, me quedé pensando varios días... porque descubrí que, detrás de esa planta, hay una lección que puede cambiarte la vida.

Dicen que en China, cuando un campesino siembra bambú, no ve absolutamente nada durante mucho tiempo. Lo riega. Lo cuida. Lo protege del sol fuerte. Lo revisa varias veces al día... **y nada**. Pasan semanas, meses, un año completo... y sigue sin ver un solo brote. Luego pasa otro año. Y otro. Y otro más. Y llega un punto donde cualquiera pensaría: "Esto no está funcionando". Pero el campesino sigue ahí. Constante. Paciente. Firme. **Sin aplausos**. Sin resultados visibles. **Sin pruebas** de que algo esté creciendo.

Pero durante todos esos años, el bambú no se está quedando quieto. Está haciendo su trabajo donde nadie lo ve. Está echando **raíces** profundas, fuertes, sólidas. Raíces que van hacia lo más hondo de la tierra para soportar lo que viene después.

Y después de cuatro, cinco o hasta seis años... un día, casi de repente, cuando muchos ya se habrían rendido, aparece **un brote**. Uno pequeño, tímido, como si estuviera evaluando si es seguro salir. Pero cuando se decide... empieza a crecer. Y crecer. Y crecer. Y puede llegar a subir **hasta treinta metros en cuestión de semanas**.

No creció de la noche a la mañana. Se estuvo preparando en silencio.

Y así es **la disciplina** en nuestra vida. Así es el **Jubileo del Emprendedor**. Lo que haces hoy —aunque parezca pequeño, aunque nadie lo aplauda, aunque no dé resultados inmediatos— está echando raíces. Estás **creciendo por dentro**. Te estás fortaleciendo por debajo de la superficie. Estás construyendo lo que un día te va a sostener cuando llegue tu temporada de expansión.

Hay procesos que parecen lentos... pero están formándote para lo grande. Hay temporadas que se sienten estancadas... pero están **edificando tu carácter**. Nada de lo que haces con disciplina es en vano. Tú riegas hoy lo que vas a cosechar mañana.

Y cuando llegue tu momento —porque sí llega— crecerás con una velocidad y una fuerza que sorprenderán incluso a los que te dieron por vencido.

No tengas miedo a la palabra "disciplina". No la veas como una carga. Mírala como una aliada. Como un puente.

Como la manifestación externa de tu compromiso interno. **Disciplina no es rigidez. Es libertad con dirección.** Y esta dirección te lleva a algo más que vamos a ver en el siguiente capítulo...

CAPÍTULO 9

Construyendo Relaciones que Elevan

*Las relaciones son el verdadero
capital de nuestra vida.*

—Stephen Covey

Quiero contarte ahora algo que pasó con **Nelson Mandela**, un líder de Sudáfrica reconocido en todo el mundo. Durante los casi 27 años que estuvo en prisión, tuvo la oportunidad de mantenerse conectado con su familia. Escribía cartas llenas de amor e inspiración para su esposa e hijos, y ellos contestaban con el mismo amor. Aunque muchos eran censurados o tardaban meses, esas cartas eran su salvavidas emocional.

Esas palabras eran más que letras: eran un abrazo en medio del encierro. Mandela entendió que una relación —aunque solo sea una carta— puede darte fuerza cuando todo lo demás parece derrumbarse. Y eso es lo que quiero que veas hoy: tu camino no lo debes recorrer solo. Las relaciones que cultivas son tu fuerza cuando flaqueas, tu alegría cuando estás cansado y el motor que te empuja cuando quieres rendirte.

Las personas, no los títulos, son el verdadero capital de tu vida. Porque cuando mires hacia atrás, no vas a recordar cuántos logros tuviste... vas a recordar quién estuvo a tu lado.

Así que, querido lector, mientras avanzas hacia tu **reinicio total**, mira bien a tu alrededor: ¿Quién te acompaña? ¿A quién estás acompañando tú? Porque no se trata solo de recibir... se trata de construir y fortalecer. De estar y permanecer.

En todo tiempo ama el amigo, Y es como un hermano en tiempo de angustia. —Proverbios 17:17

Tu éxito será más grande cuando lo compartas con personas que te elevan.

Relaciones que impulsan tu destino

No todas las relaciones son iguales. Para lograr tu **reseteo mental** necesitas rodearte de personas que te eleven, que crean en ti, que desafíen tu manera de pensar y que compartan tu visión. Personas que no solo estén ahí para celebrar tus triunfos, sino que también te acompañen a levantarte cuando caigas.

Y para eso, necesitas hacer una evaluación honesta. ¿Quién está en tu círculo más cercano? ¿Quién te impulsa y quién te drena? ¿Quién te aplaude cuando haces lo fácil y quién te desafía a crecer?

En mi experiencia como mentor, he visto que uno de los mayores bloqueos en el crecimiento de una persona no es la falta de recursos... **sino las relaciones equivocadas**. Personas que no creen en tu sueño, que critican sin construir, que te hacen sentir menos solo para sentirse más. Y aquí viene una verdad poderosa: **No necesitas permiso para proteger tu energía.**

A veces, soltar relaciones tóxicas o dañinas es necesario para abrir espacio a las que suman, edifican y apoyan tu proceso de liberación y crecimiento.

Recuerda, las relaciones son un reflejo de cómo te valoras a ti mismo. Al elegir relaciones saludables, estás declarando que **mereces respeto, amor y crecimiento**. No estás obligado a cargar con todos. No estás llamado a rescatar a quien no quiere cambiar. Estás llamado a influir, sí, pero también a proteger tu corazón.

Y si no sabes por dónde empezar, empieza por convertirte tú en esa persona que eleva a otros. Rodéate de quienes ya viven con intención, de quienes invierten en su desarrollo, de quienes sueñan, creen y trabajan. Así se forma una comunidad de crecimiento.

Cultiva relaciones con intención

Puedes tener cientos de contactos, miles de seguidores, y aún así sentirte emocionalmente desconectado. No se trata de cantidad. Se trata de **conexión**.

Cultivar buenas relaciones también requiere esfuerzo. No es cuestión de suerte. Es cuestión de **sembrar**. Sembrar respeto. Sembrar tiempo. Sembrar apoyo. Sembrar gratitud.

A veces, estamos tan enfocados en avanzar, en conquistar metas, en alcanzar el "éxito", que olvidamos a quienes tenemos al lado. Pero las relaciones no se construyen con grandes eventos. Se construyen con **pequeños actos**: un texto de buenos días, una llamada inesperada, una disculpa a tiempo, incluso, un abrazo largo.

En su libro *Los cinco lenguajes del amor*, **Gary Chapman** nos recuerda que cada persona da y recibe amor de formas diferentes: con palabras, con actos de servicio, con tiempo, con regalos, con contacto físico.

¿Sabes cuál es el lenguaje de las personas que amas? ¿Sabes cómo nutrir esas conexiones de forma que se sientan valoradas, escuchadas, reconocidas? Cultivar relaciones con intención es observar más y juzgar menos. Es preguntar cómo estás... y realmente quedarte a escuchar la respuesta. Es tener conversaciones honestas. Es estar presente.

Hoy te invito a invertir tiempo y energía en tus relaciones más valiosas. No porque "debas", sino porque **las relaciones son el espejo de tu corazón**. Porque al cuidar al otro, también te estás cuidando a ti. Escucha más. Apoya más. Agradece más. Perdona más.

Sé el amigo, el líder, el hermano que tú mismo necesitas.

También, recordemos que el sanar tus relaciones con otros empieza por sanar la relación que tienes **contigo mismo**. Quizá necesites empezar así. Quizá quieras empezar por hablarte con más amor, con más compasión, con más verdad.

Porque cuando elevas a otros, te elevas a ti mismo.

Y si hoy sientes que no tienes relaciones de valor, no te preocupes, **esas se construyen. Se forman. Se siembran.** Puedes empezar por buscar entornos donde se cultiven relaciones sanas. Puedes asistir a un grupo de crecimiento, a una sesión de mentoría, a una comunidad donde el propósito sea compartido o a una iglesia.

No estoy diciendo que te rodees de gente perfecta, sino de personas en proceso, **como tú**. Personas que desean avanzar con amor, con respeto, con compromiso. Personas que saben que el camino se hace más ligero cuando se camina acompañado. No ignores las relaciones positivas que ya has construido. No olvides a quienes te han apoyado. No esperes perder para valorar. Honra hoy.

Al tener este libro en tus manos, sé que buscas avanzar. Sé que buscas crecer. Pero no olvides que nadie llega lejos solo. Los brazos que te han sostenido hasta el día de hoy merecen gratitud. Las voces que te han impulsado merecen tu atención. **Y las personas que caminan a tu lado, merecen tu presencia.**

Envía ese mensaje. Haz esa llamada. **Abre esa conversación.** A veces, una disculpa a tiempo reconstruye un puente. A veces, un "te agradezco" puede sanar años de distancia emocional.

Abraza más largo. Mira a los ojos más profundo. Quédate **presente**. La gente no siempre recuerda lo que dijiste, pero sí recuerda cómo la hiciste sentir. Y sentirnos amados, vistos y valorados... eso transforma.

Descubre la importancia de vivir el presente. De no dejar que la prisa o la ansiedad por el futuro nos robe lo único que tenemos realmente: el ahora. Y ese ahora está lleno de personas que esperan que las notes, que las escuches, que las abraces con intención.

Quiero invitarte desde el corazón: haz espacio en tu agenda para lo que no tiene precio. La familia, los amigos, los mentores, los hermanos de camino... son parte esencial de este **tu reinicio total**. Y si sientes que no tienes una red de apoyo sólida, no te desanimes. Recuerda que puedes construirla. Puedes sembrarla. Busca entornos donde la conexión no sea por interés, sino por propósito. No para rodearte de perfección, sino de verdad, de fe y de compromiso humano.

CONFERENCIA

REINICIA TU VIDA Y NEGOCIO

Transforma tu mentalidad, rompe ciclos y crea un nuevo comienzo con propósito, libertad y dirección para tu vida y negocio.

¿Qué aprenderás?

- Romper creencias que limitan
- Recuperar claridad y propósito
- Rediseñar hábitos y disciplina
- Elevar liderazgo y relaciones

Para todo tdo tipo de negocios

LLEVA ESTA CONFERENCIA A TU CIUDAD

+1 972 670 4138

AlexisAdame.com

Alexis Adame

MENTORÍA

Ayudo a emprendedores
a resetear su vida
y su negocio

BENEFICIOS

Claridad total para tu visión
Ruptura de ciclos limitantes
Hábitos que sostienen libertad
Liderazgo emocional fortalecido
Y mucho más...

CONTÁCTAME HOY MISMO

+1 972 670 4138

www.AlexisAdame.com

Mentoría exclusiva para
emprendedores en crecimiento

CAPÍTULO 10

El Comienzo de Toda Transformación

El liderazgo no se trata de títulos, posiciones o diagramas de flujo. Se trata de una vida que influye en otra.

—John C. Maxwell

Cuando comencé a dar mis primeros pasos en el desarrollo personal, no tenía títulos ni seguidores ni una gran plataforma. Solo tenía una convicción ardiente: si quería cambiar mi vida, debía liderarla. Nadie más podía hacerlo por mí. Y ese momento, aunque sencillo, marcó el inicio de una transformación profunda.

Para vivir tu jubileo, para alcanzar la verdadera libertad y transformación, tienes que convertirte en el líder de tu propia vida y no esperar a que alguien venga y lo haga por ti. El liderazgo personal es el arte de tomar las riendas, de decidir con valentía, de inspirarte a ti mismo a avanzar aún cuando nadie más lo haga. No se trata de mandar a otros, sino de gobernar tu mente, tu tiempo y tu corazón con sabiduría y propósito.

Muchos esperan que el cambio llegue desde fuera, que alguien los guíe o que las circunstancias sean perfectas. Pero la realidad es que el verdadero cambio comienza desde adentro, con decisiones conscientes que reflejan integridad y compromiso **contigo mismo y con tus sueños.**

En el libro *Desarrolle el líder que está en usted*, **John C. Maxwell** afirma que el liderazgo es influencia. Y la primera persona a la que debes aprender a influir... eres tú. Tu mente, tus hábitos, tus emociones.

El que es fiel en lo muy poco, también en lo más es fiel; y el que en lo muy poco es injusto, también en lo más es injusto. —Lucas 16:10

Liderarte a ti mismo implica conocerte. Implica reconocer tus fortalezas y debilidades. Aceptarte con humildad y estar dispuesto a mejorar cada día; es el punto de partida del liderazgo real.

La responsabilidad que transforma

Liderar tu vida también significa **dejar de culpar**. Significa **dejar de esperar**. Significa dejar de esconderte detrás de excusas. Es mirar cada día como una oportunidad para ser mejor, para elegir distinto, para dar un paso más, incluso cuando cuesta.

Cuando decides asumir la **responsabilidad total** de tu vida, todo comienza a cambiar. Ya no dependes del jefe, de la pareja, del gobierno ni del pasado. Descubres que tú eres el único responsable de cómo respondes, de lo que creas, de lo que decides. Y ese es el lugar más poderoso desde el cual vivir.

La responsabilidad no es una carga, es la llave para abrir la puerta de tu libertad. Porque cuando dejas de culpar, recuperas el control. Ya no eres víctima. Eres protagonista.

Y sí, a veces cuesta. A veces duele admitir que lo que no está funcionando en tu vida **depende de ti**. Pero te prometo que es ahí donde inicia la transformación. Porque lo que tú tomas en tus manos, lo puedes cambiar. Lo que pones afuera, se vuelve incontrolable.

Y no te lo voy a romantizar: asumir tu **liderazgo interior** a veces es incómodo. Implica mirar de frente tus debilidades. Implica dejar atrás hábitos que te sabotean. Implica reconocer que, a veces, tú mismo has sido tu mayor obstáculo. Pero también es lo más hermoso que puedes hacer por ti. Porque cuando tú asumes tu vida como una obra que está en tus manos, puedes redibujarla. Puedes reconstruirte. Puedes decidir que no importa de dónde vienes, sino **a dónde vas con intención**. Un verdadero líder no espera el permiso para actuar.

Un verdadero líder se levanta, toma la iniciativa y se compromete con su misión, incluso cuando el camino es duro y solitario. Y si hoy no sabes por dónde empezar, empieza por **ser fiel en lo pequeño**. Honra tus horarios. Cumple tus promesas. Haz lo que dijiste que ibas a hacer. Pide perdón si te equivocaste. Celebra si diste un paso. Corrige si te desviaste. Ahí es donde comienza el músculo del **liderazgo**.

¿Sabes qué es lo más transformador de la responsabilidad? Que contagia. Cuando tú lideras con responsabilidad, inspiras a tu equipo. Cuando tú pides perdón primero, sanas a tu familia. Cuando tú te mantienes firme, levantas a quienes te rodean.

Tu liderazgo transforma no porque impone, sino porque **inspira desde el ejemplo**. Así que hoy, te pregunto con el corazón en la mano:

- ¿Qué estás decidiendo hacer con lo que tienes?

- ¿Qué estás esperando para dar ese paso?

- ¿Qué historia vas a escribir con tus decisiones de hoy?

Recuerda: el liderazgo comienza contigo. Y tu responsabilidad es el primer escalón hacia la libertad.

Hoy te desafío a mirar tu vida con **ojos de líder**.

- ¿Estás tomando decisiones que te acercan a tu propósito?

- ¿Estás siendo responsable con tu tiempo, tus hábitos y tus relaciones?

- ¿Estás invirtiendo en tu crecimiento mental, espiritual y emocional?

Cuando comienzas a liderarte, tu entorno cambia. Porque el liderazgo auténtico se nota, se siente, se transmite. El liderazgo personal no solo transforma tu vida, sino que también influye en las personas a tu alrededor. Cuando lideras con autenticidad, **inspiras a otros a hacer lo mismo.** Creas un efecto dominó de cambio positivo que trasciende generaciones.

Fortalece tu liderazgo desde adentro

Tal vez no te lo han dicho últimamente, pero yo sí quiero decírtelo: **no estás solo en esto.** Pasa muy seguido que, cuando deseamos fortalecer nuestro liderazgo y decidimos asumir nuestra vida con seriedad, con intención, con enfoque... puede parecer que el camino se vuelve solitario. Pero la verdad es que hay miles de personas como tú, en este mismo momento, tomando la decisión valiente de liderarse **desde dentro de sí mismas.**

Existen caminos, herramientas y entornos para acompañarte. Hay comunidades, libros, programas, personas que también están caminando hacia su propósito. Y lo más importante:

tú puedes formar parte de ese movimiento. De esa tribu. De esa red invisible de líderes cotidianos que, aunque no salgan en portadas, están transformando el mundo desde sus casas, sus negocios, sus familias, sus decisiones diarias.

Por experiencia propia, sé que a veces lo único que necesitamos para avanzar es **una voz que nos recuerde quiénes somos**. Un entorno que no nos juzgue por soñar en grande. Un sistema que nos sostenga cuando el ánimo flaquea. Un mentor que nos mire a los ojos y nos diga: "Tú puedes".

Liderar tu vida no significa tenerlo todo resuelto. Significa que aún en medio del caos, decides avanzar. Que aún con miedo, eliges dar el paso. Que incluso en el silencio, sigues sembrando.

Cuando tú lideras tu vida, inspiras a otros a liderar la suya. Tu pareja lo nota. Tus hijos lo aprenden. Tu comunidad lo agradece. Porque tu liderazgo no necesita gritar... **solo necesita ser vivido con verdad. Con congruencia. Con amor.**

El **Jubileo del Emprendedor** depende en gran medida de la calidad del liderazgo que se ejercita con uno mismo. No del liderazgo que proyectas hacia afuera, sino del que practicas cuando nadie te ve. Cuando eliges tu propósito sobre la comodidad, cuando haces lo correcto, aunque nadie lo aplauda. **Sé el líder que tu vida necesita.** No el perfecto, sino el comprometido. No el que nunca falla, sino el que siempre se levanta. Sé el que escucha, el que guía con el ejemplo, el que vive desde el alma.

Y cuando eliges liderar desde el corazón, cuando tomas las riendas de tu historia con valentía y determinación, algo poderoso comienza a despertar dentro de ti. Pero también te vas a dar cuenta de algo: no todos van a aplaudir tu transformación. Habrá quienes no lo entiendan, quienes se alejen o incluso intenten apagarte. No porque seas menos... sino porque ellos todavía no se atreven a mirar su propio reflejo. Y es ahí, en medio de esas sacudidas, donde tu liderazgo se fortalece de verdad.

Porque **liderar** no es solo inspirar a otros... es aprender a mantenerte firme, incluso cuando te sientas solo en el camino.

Lo que estás por descubrir es muy necesario si quieres vivir con propósito. **Prepárate**. Porque el siguiente paso no solo va a retarte… también puede revelarte una verdad que cambiará la forma en que entiendas tu liderazgo para siempre.

CAPÍTULO 11

Rompiendo Cadenas y Creando Riqueza

*No es tu salario lo que te hace rico,
son tus hábitos.*

—CHARLES A. Jaffe

Cuando era niño, escuchaba muchas veces a los adultos decir cosas como "el dinero no crece en los árboles", "si tienes mucho, seguro hiciste algo malo" o "mejor pobre pero honrado". Sin darme cuenta, esas frases empezaron a instalarse como verdades en mi mente. Y durante mucho tiempo, creí que tener dinero y ser espiritual eran cosas opuestas. Hasta que entendí la verdad: el dinero no cambia quién eres. Solo amplifica lo que ya hay en tu corazón.

Uno de los pilares fundamentales del **Jubileo del Emprendedor** es **la libertad financiera**. No hablo solo de tener dinero, sino de tener control, seguridad y paz en esa área vital de tu vida. La libertad financiera es la llave que te permite vivir sin miedo a la escasez, sin depender de circunstancias externas, y con la capacidad de crear un legado para ti y para las próximas generaciones.

Pero déjame ser claro contigo: la libertad financiera no es un destino mágico ni un golpe de suerte. Es **el resultado** de hábitos inteligentes, educación constante, decisiones sabias y una mentalidad de abundancia que rompe con las cadenas de la pobreza y la mentalidad limitante.

En su libro *Padre Rico, Padre Pobre*, **Robert Kiyosaki** explica que la educación financiera es la diferencia entre trabajar por dinero o hacer que el dinero trabaje para ti. Y esa educación comienza cambiando lo que crees acerca del dinero.

El rico se enseñorea de los pobres, y el que toma prestado es siervo del que presta. —Proverbios 22:7

Cambiar tu vida financiera comienza por cambiar tu **mentalidad financiera**.

Rompiendo cadenas invisibles

Para vivir en jubileo necesitas **liberarte de la esclavitud de las deudas**, la dependencia y el consumo sin control. Necesitas diseñar un plan financiero que te permita crecer, invertir y proteger lo que Dios te ha dado. Necesitas entender que el dinero es una **herramienta**, no un fin en sí mismo.

Romper esas cadenas comienza en tu mente. Cambiar tu relación con el dinero, con el trabajo y con el valor que tú mismo tienes. Muchas veces hemos sido educados con creencias que limitan nuestro crecimiento económico: "el dinero es malo", "no merezco ser rico", "solo los afortunados tienen éxito". Esas creencias son cárceles invisibles que debes derribar.

Y aquí te voy a decir algo con todo el corazón: **tú puedes**. Sí, tú. No importa de dónde vienes, cuánta deuda tengas hoy o lo que no te enseñaron de niño. La libertad financiera es una posibilidad real si estás dispuesto a trabajar desde dentro hacia afuera.

Educarte financieramente no significa volverte obsesivo.

Significa entender los principios, los ciclos, las oportunidades. Significa aprender a usar el dinero como un aliado, no como un enemigo. **Una mente libre crea una cartera libre.** Y si hoy estás en deuda o atrapado en una situación difícil, no te juzgues. No te hundas. Solo comprométete con el cambio. Toma control. Aprende. Pide ayuda. Rodéate de mentores.

Aprende a no solo pensar diferente, sino a actuar diferente. Tú puedes romper las cadenas. Y cuando lo haces, puedes construir algo que no solo te libere a ti... sino también a tu familia y a tus futuras generaciones.

Crea abundancia, deja legado

La libertad financiera no se trata solo de acumular. Se trata de construir. De multiplicar. De extender tus recursos más allá de ti para bendecir a otros, para dejar una huella, para que tu paso por esta tierra no se borre con el tiempo, sino que se convierta en un faro para los que vienen detrás.

El Jubileo del Emprendedor es también un llamado a la **generosidad**, porque cuando estás libre financieramente, puedes **bendecir a otros** y ser un canal de transformación.

No se trata de cuánto das, sino de desde dónde lo das. La abundancia verdadera no es tener más... es tener suficiente para dar sin miedo.

En su libro *Los secretos de la mente millonaria*, **T. Harv Eker** menciona que "los ricos piensan en términos de ambos: ganar y contribuir". No ven la riqueza como una meta egoísta, sino como una plataforma desde donde pueden servir más, influir más y dar más.

Y es que la verdadera abundancia nace del equilibrio entre responsabilidad y propósito. Tú no necesitas tener una fortuna para dejar un legado. Solo necesitas vivir con conciencia, con visión y con corazón generoso.

Comienza con lo que tienes. Con tus ingresos actuales, con tus talentos, con tu creatividad. ¿Sabes cuál es uno de los hábitos más poderosos de las personas libres financieramente? **La intención.** Cada peso tiene dirección. Cada inversión, tiene un propósito. Cada decisión está alineada con un futuro que vale la pena construir.

Te invito **a romper el ciclo** de supervivencia financiera.

A dejar atrás esa idea de "trabajo para pagar deudas". Tú fuiste creado para más. Para diseñar. Para proyectar. Para **multiplicar**. Y para eso, necesitas **educarte**. Formarte. Aprender de mentores. Rodearte de personas que ya están creando abundancia.

Porque cuando tú sanas tu relación con el dinero, puedes enseñarle a tus hijos desde el ejemplo. Cuando tú creas abundancia desde la integridad, puedes extender la mano a quien lo necesita sin culpa ni miedo.

Y no se trata solo de ahorrar o invertir. Se trata de **sembrar**. De sembrar en tierra fértil. En negocios con valor. En relaciones sanas. En comunidades que inspiran. Se trata de dejar de pensar solo en el "yo" para empezar a pensar en el "nosotros".

Ese es el verdadero legado: cuando tu vida impacta otras vidas. Cuando tu éxito no se queda en una cuenta bancaria, sino que fluye en forma de oportunidades para otros.

Si hoy estás comenzando, no te frustres si no tienes mucho. El legado se comienza construyendo **hábitos**. Ahorra un poco cada mes. Aprende sobre inversión responsable. Inicia un proyecto que te apasione. Pero sobre todo, **visualiza**: ¿qué quieres dejarle al mundo?

Porque crear abundancia no es solo una decisión financiera. Es una **decisión espiritual y emocional**. Es decir: "Yo rompo con las cadenas del miedo, la escasez y la ignorancia financiera. Y elijo la sabiduría, la intención y la bendición". **La riqueza que construye legado.**

Recuerda: el dinero debe servirte a ti, no tú al dinero.

Muchos viven al revés: se levantan y se acuestan con la preocupación de cómo ganar más, cómo pagar, cómo no perder. Y en ese ciclo, pierden la paz, la familia, la salud y hasta el propósito. Por eso te lo repito con el corazón en la mano: el dinero debe servirte a ti, no tú al dinero.

Y la verdadera riqueza es tener el **control de tu vida** en todas sus áreas: espiritual, emocional, personal y financiera. ¿De qué sirve una cuenta llena si el alma está vacía? ¿De qué sirve tener libertad financiera si tu vida interior está en caos? La abundancia verdadera nace cuando puedes sostener tu paz incluso en los momentos de presión. Cuando sabes que no dependes del ingreso del mes para sentirte valioso. Cuando puedes decir "no" a lo que no se alinea con tu propósito, y "sí" a lo que construye tu visión.

Cuando entiendes esto, el dinero ya no te domina. **Tú lo gobiernas.** Y ahí es cuando puedes dar el siguiente paso: **construir un legado.** Y escúchame bien: un legado no es lo que le dejas a las personas... **Es lo que dejas en las personas.** Son tus valores. Tus enseñanzas. Tu ejemplo. Tu visión. Tus principios. Un buen legado no empieza con una gran herencia, sino con una gran intención.

Así que, comienza hoy. No esperes a tener "más" para ordenar tus finanzas. No necesitas grandes ingresos para empezar a ahorrar. No necesitas un título para educarte. Solo necesitas **decisión**. Elige vivir con propósito. Administra con inteligencia. Multiplica con sabiduría. Y da con alegría.

Cada dólar que usas con intención es una semilla. Cada decisión financiera consciente es una declaración de liderazgo. Y cada acto de generosidad que nace desde tu abundancia... es una bendición que viaja más lejos de lo que imaginas.

Sigue leyendo... lo que estás a punto de descubrir puede ser exactamente lo que necesitabas para desbloquear una parte clave de tu destino.

CAPÍTULO 12

Construyendo para las Próximas Generaciones

La historia de un hombre se mide por las huellas que deja en el corazón de su gente.

—Octavio Paz

En un pequeño pueblo de México, donde nací y viví mis primeros años, crecí al lado de mi abuelo, **Don Jerónimo Adame**. Un hombre sencillo, sin títulos ni fama, pero con una grandeza que todos reconocían. Cada vez que alguien hablaba de él, lo hacía con una sonrisa: "¡Ah, sí! Él me enseñó a trabajar", "Él me dio mi primer impulso en los negocios", "Él siempre oraba por mí".

Mi abuelo me dio consejos que hasta hoy me acompañan. Me formó con su ejemplo, con su fe, con su manera honesta de ver la vida. Él ya no está... pero su **legado** sigue vivo en cada persona que tocó, y muy especialmente, en mí.

Tu mensaje no termina en ti. Lo que haces y dices el día de hoy, tiene el poder de transformar no solo tu vida, sino la de tus hijos, tu familia y las generaciones que vienen después. El verdadero éxito es dejar un legado que inspire, que fortalezca, y que continúe multiplicándose **mucho después de que ya no estés aquí**.

Construir un legado no es solo cuestión de dinero o bienes materiales. Es mucho más profundo. Es el conjunto de valores, enseñanzas, hábitos y principios que transmites con tu ejemplo y tus acciones. Es la huella que dejas en el corazón y la mente de quienes te rodean.

Estoy convencido de que la grandeza de una persona se mide por el impacto que deja en los demás. Y tu legado se construirá cada vez que decidas vivir con intención.

Instruye al niño en su camino, y ni aun de viejo se apartará de él. — Proverbios 22:6

Tu vida no es solo tuya. **Es una semilla para lo que vendrá.**

Sembrando futuro con propósito

¿Qué legado estás construyendo hoy? ¿Te estás preparando? ¿Estás sembrando semillas de esperanza, de fe, de trabajo duro y de integridad? ¿Estás formando líderes, soñadores y personas que vivirán con propósito?

Tu familia, tu comunidad, y hasta tu nación, necesitan que tomes esa responsabilidad con seriedad y pasión. Porque cada palabra que dices, cada decisión que tomas, cada hábito que formas... está formando a alguien más.

Muchos piensan que para dejar un legado se necesita una gran empresa o millones en el banco. Pero la realidad es que **los legados más poderosos se transmiten en casa.** En la mesa. En la forma en que escuchas. En la manera en que enfrentas los retos. En tu fe, en tu ejemplo, en tu constancia. En lo que aprendes y compartes con otros en el día a día.

El Jubileo del Emprendedor es la oportunidad para resetear no solo tu vida, sino el futuro de quienes vienen detrás. Para romper ciclos de pobreza, de miedo, de desunión. Para abrir caminos nuevos y mejores. Para ser un canal de bendición y transformación en la vida de otros.

Vive no solo una vida exitosa, sino una vida que **trasciende**.

Y si sientes que vienes de una historia rota, de abandono, de carencia... que eso no te detenga. Al contrario, haz que eso te impulse. Porque tal vez tú no heredaste un legado fuerte, pero puedes ser quien lo comience. Empieza contigo. Vive con propósito, sembrando valores, cuidando lo invisible, dejando raíces firmes y fuertes donde otros puedan crecer.

Si has llegado hasta esta página, es porque hay en ti un **anhelo profundo**. Una voz que te recuerda que la vida es mucho más que metas, números o logros. Hay algo en ti que quiere dejar huella... algo que quiere permanecer. Una parte de ti que desea **sembrar** algo que dure, que trascienda, que no se pierda con el paso del tiempo. Porque sabes, en lo más profundo, que tu vida fue hecha para dejar luz donde antes había vacío.

Eso, a los Campeones de mi equipo les digo que es **el inicio** del legado.

No necesitas riquezas, fama ni un apellido que abra puertas. Necesitas presencia. Necesitas verdad. Necesitas intención. Vivir con conciencia del mañana es entender que **lo que haces hoy** dejará huella en vidas que quizá nunca verás, en generaciones que caminarán sobre los cimientos que tú estás poniendo ahora.

En *Una vida con propósito*, **Rick Warren** escribió que no fuimos puestos en esta tierra para ser recordados, sino para preparar nuestra alma para la eternidad. Pero yo creo que también fuimos puestos para inspirar otras almas en su camino.

Cuando tú vives con intención, tus palabras tienen peso. Tus acciones enseñan. Tu manera de amar, educa. Tu forma de servir, transforma. Cada momento en que eliges el bien, estás dejando un mensaje para el futuro. Cada vez que decides perdonar, estás sanando una herida que podría haberse perpetuado por generaciones. Cada paso de fe que das es una huella que alguien más va a seguir.

Tus hijos te observan. Tus amigos te escuchan. Tus compañeros te sienten. Aunque no lo digan, están aprendiendo de ti. Por eso, cada conversación cuenta. Cada decisión pesa. Cada gesto forma parte de tu historia, y esa historia está conectada al futuro de muchos más. He visto muchas veces que, cuando una persona elige vivir con propósito, todo su entorno comienza a transformarse impresionantemente.

Así que sigue construyendo, aunque quizá nadie te esté aplaudiendo todavía. Sigue sembrando, aunque no veas frutos inmediatos. Porque estás dejando algo más grande que tú. **Estás dejando un legado.** El legado que construyes hoy, es la luz que guiará a tus generaciones futuras.

Semillas que Trascienden

El legado no comienza cuando mueres. Comienza hoy, en cada palabra, en cada decisión, en cada semilla que siembras. Muchos creen que dejar legado es solo escribir un libro de historia con letras doradas. Pero la verdad es que el legado se escribe en lo invisible. Se escribe en cómo tratas a tu familia, en cómo miras a tus colaboradores, en cómo sirves a tu comunidad.

Pensemos en **Gabriel García Márquez**. Él no se propuso "ser recordado" cuando escribía. Su meta era darle voz a su gente, a su tierra, a las historias que parecían pequeñas y locales. Pero al escribir desde su verdad, dejó un legado universal que hoy inspira a millones. Eso es legado: cuando lo que nace desde lo íntimo termina tocando corazones que nunca imaginaste.

Querido lector, tu vida también es una siembra. Y el fruto no siempre lo verás tú. Quizá lo verán tus hijos, o los hijos de tus hijos. Pero la pregunta no es *si dejarás un legado* —porque todos dejamos uno—, sino *qué clase de legado estás construyendo hoy*.

El Legado en los Negocios

Muchos empresarios creen que el legado se mide por el tamaño de la empresa que construyeron o por los números en sus cuentas de banco. Pero el verdadero legado empresarial no está en los balances financieros, sino en las personas que fueron **transformadas** por lo que hiciste.

Una empresa puede quebrar, pero la cultura que sembraste en tu equipo permanece. Un contrato puede terminar, pero los valores que transmitiste seguirán vivos en la memoria de quienes trabajaron contigo. Esa es la verdadera riqueza: cuando tu visión no se limita a generar utilidades, sino a dejar huellas humanas que se multiplican más allá de ti.

Mira el ejemplo de **Amancio Ortega**, fundador de Inditex (Zara). Empezó en un pequeño taller de confección en Galicia, pero lo que lo llevó lejos no fue solo la ropa que fabricaba. Fue la disciplina, la visión y la cultura de trabajo que sembró en sus equipos. Miles de familias fueron impactadas no solo por los empleos, sino por la mentalidad que él transmitió: innovación constante, sencillez y cercanía.

El **Jubileo del Emprendedor** también significa esto: entender que no estás construyendo solo un negocio para hoy, sino una plataforma que puede impactar a generaciones. Un legado que no se mide únicamente en utilidades, sino en vidas tocadas, en ejemplos de liderazgo, en principios que inspiran incluso cuando tú ya no estés.

El Legado en la Familia y en el Espíritu

Tu reseteo total no solo se trata de negocios ni de logros visibles. Se trata de lo que heredas en silencio. Porque el legado más profundo no siempre se escribe en los libros de contabilidad, sino en el corazón de tu familia y los que te rodean.

Hay familias que heredan fortunas, pero también hay familias que heredan cadenas: cadenas de miedo, de pobreza, de violencia, de desunión. Y lo más poderoso de un jubileo en tu vida es que te da la oportunidad de romper esas cadenas para que tus hijos y nietos no tengan que cargarlas. Ese es el **verdadero reinicio**: cuando decides que la historia de dolor **termina contigo** y que a partir de ti comienza una nueva etapa.

Piensa en **Dolores Huerta**, la líder chicana que dedicó su vida a luchar por los derechos de los trabajadores del campo en Estados Unidos. No dejó solo un legado político. Dejó un legado familiar, comunitario y espiritual. Sus hijos y miles de familias recuerdan no solo lo que consiguió en leyes, sino la dignidad con la que se levantó para que otros vivieran mejor.

Ese es el tipo de herencia que transforma generaciones: no solo bienes materiales, sino principios. No solo riqueza, sino raíces. No solo logros, sino fe, integridad y ejemplo. Porque llegará el día en que tu nombre quizá no aparezca en un titular, pero sí será recordado en la mesa de tus nietos cuando digan: "Mi abuelo me enseñó a nunca rendirme", "Mi mamá me enseñó a creer en mí y a soñar en grande", "Mi papá me enseñó a vivir con fe".

El Legado como Puente de Futuro

Un legado no es un recuerdo bonito, es una fuerza viva que se multiplica con el tiempo. Es el puente que conecta tu presente con el futuro que todavía no ves. Lo extraordinario es que cada decisión que tomas hoy se convierte en semilla para alguien más mañana.

Necesitas elegir conscientemente qué semillas vas a dejar. No solo dejar un negocio rentable, sino un ejemplo de integridad. No solo dejar una casa, sino un hogar lleno de valores. No solo dejar dinero, sino la sabiduría de cómo administrarlo.

Cada palabra que dices, cada hábito que sostienes, cada acto de amor o disciplina es parte del legado que estás construyendo. Y cuando eliges vivir desde tu propósito, esa siembra se convierte en una luz que guiará a quienes vengan después de ti.

El mundo está lleno de personas que heredaron riquezas y aun así vivieron vacíos. Pero también está lleno de personas que heredaron principios y construyeron imperios. El dinero puede acabarse, pero un valor transmitido con el ejemplo trasciende generaciones.

Esa es la oportunidad que tienes frente a ti: vivir de tal manera que, aun cuando ya no estés, tu voz siga inspirando, tu historia siga enseñando, tu ejemplo siga levantando. No importa de dónde vengas, no importa lo que heredaste. Puedes ser el inicio de una nueva historia. Puedes ser el punto de quiebre en tu linaje. Puedes ser el que, con fe y determinación, construya raíces tan firmes que otros encuentren en ellas el camino.

Ese es el verdadero poder del **Jubileo del Emprendedor**: no solo liberarte tú, sino liberar a quienes vendrán detrás de ti. No solo vivir bien, sino dejar un legado que continúe multiplicándose más allá de tu vida.

CAPÍTULO 13

El Recurso Más Sagrado

El tiempo es la moneda de tu vida.
Tú decides cómo gastarla.

—CARL SANDBURG

Te quiero contar algo que le sucedió a **Isabel Allende**, la reconocida escritora chilena. Durante una etapa difícil, fue invitada a dar una conferencia en Londres. Tenía la agenda completamente llena: entrevistas, firmas, más encuentros... pero decidió apartar una hora para caminar junto al río Támesis. Durante esa hora, respiró, sintió la brisa y se relajó. Después, volvió a sus compromisos con las ideas más claras. Lo que parecía perder tiempo, en realidad fue una bendición.

El tiempo es el recurso más justo que existe: todos recibimos 24 horas al día. No importa si eres millonario o apenas estás comenzando; si estás en una gran ciudad o en un entorno más tranquilo. La diferencia no está en la cantidad de horas, sino en lo que decides hacer con ellas.

Muchos emprendedores me confiesan después de asistir a mis conferencias y talleres en Estados Unidos o fuera del país: "Trabajo más que nunca, pero siento que vivo menos que nunca". Esa frase resume el dilema de nuestra generación. Corremos detrás de metas, llenamos agendas, acumulamos compromisos... y en el proceso, nos vaciamos por dentro.

Por eso el **Jubileo del Emprendedor** también es un llamado a administrar mejor el tiempo. A hacer una pausa y preguntarte: ¿Qué estoy construyendo con mis horas? ¿Estoy invirtiendo en lo eterno, en lo que importa, o solo gastando mi vida en lo urgente e irrelevante?

Porque el tiempo no es simplemente un recurso que se consume, es vida que se vive conscientemente. Y si no tomas las riendas, pronto descubrirás que otro lo hizo por ti.

El Valor del Tiempo

A lo largo de mi vida he aprendido que el tiempo es el recurso más valioso que tenemos... y, aun así, muchas veces lo tratamos como si fuera infinito. Creemos que siempre habrá un "mañana" para lo que de verdad importa, pero la realidad es directa y, a veces, incómoda: **el tiempo no espera, no se detiene y no perdona**.

Recuerdo la historia de un hombre que trabajaba día y noche, convencido de que mientras más dinero ganara, más feliz sería. De su casa salía temprano cada mañana, sin tiempo para un desayuno en familia, sin un abrazo a sus hijos, sin un beso a su esposa. Repetía una frase que sonaba firme, pero que con los años se volvió hueca:

"Cuando tenga más tiempo, disfrutaré de mi familia".

Pero los años, como siempre, no preguntan... pasan.

Un día, asomado a la ventana de su oficina, ese hombre se dio cuenta de que su hijo ya tenía dieciocho años, su hija estaba ya por irse a la universidad y su esposa se había acostumbrado a cenar sola.

El dinero estaba ahí... pero el tiempo se había ido.

Fue entonces cuando entendió algo que muchos **descubren demasiado tarde**: el tiempo no se guarda, no se acumula, no se recupera. El tiempo es la vida misma. Y cada minuto que se va... es una parte de nosotros que no regresa.

Ese hombre decidió cambiar. Aprendió a decir "no" a lo que le robaba la paz y "sí" a lo que le daba propósito. Empezó a llegar a casa para cenar con su familia, a escuchar sin mirar el reloj, a abrazar sin prisa, a trabajar con intención y no por obsesión.

Descubrió que el verdadero éxito no está en la cantidad de dinero que ganamos... sino en la calidad del tiempo que vivimos. Y en la calidad del tiempo que compartimos con quienes amamos.

Desde entonces comprendió que el reloj no marca horas... marca momentos. Y que el día más valioso no es el que más produces, **sino el que más disfrutas**.

El tiempo es el regalo más precioso que Dios nos da cada día. No lo desperdicies en lo que no te acerca a tus sueños, ni en personas o situaciones que no suman valor a tu vida. Haz que cada día cuente, porque cada día es una oportunidad única que jamás se repetirá.

Aprovecha tu tiempo con sabiduría. Porque cuando se acaba... lo único que deseamos es regresar a vivir lo que no supimos valorar.

El Descanso También Produce

La sociedad nos ha vendido la idea de que correr sin parar es éxito. Parece que entre más ocupado estés, más valioso eres. Pero la verdad es otra: el cansancio crónico no es una medalla de honor, es una alarma.

El descanso no es pérdida de tiempo. **El descanso es parte de la productividad.** Es lo que renueva tu mente, tu cuerpo y tu espíritu para que puedas seguir construyendo con claridad. Piensa en los atletas: ningún campeón entrena 24 horas seguidas. El secreto de su rendimiento está en **el balance** entre esfuerzo y recuperación.

Lo mismo pasa en tu vida y en tus negocios. No se trata de

trabajar más horas, se trata de trabajar mejor en las horas correctas. Y para eso necesitas aprender a pausar.

En la Biblia, el descanso siempre fue sagrado. El pueblo de Israel tenía el *sabbat*, un día dedicado a detenerse, a honrar la vida y a reconectar con Dios. Y en el año del Jubileo, la tierra misma descansaba. Era como si el cielo dijera, "no todo depende de ti, también hay que confiar".

Muchos emprendedores me han confesado: "Alexis, no sé cómo parar de trabajar". Y esa frase refleja un problema serio. Porque cuando nunca paras, terminas quebrando por dentro. Y el precio puede ser alto: tu salud, tu familia, tu propósito.

Descansar es también una decisión de liderazgo. Es decir, "mi vida vale más que mi agenda". Es recordar que **no eres máquina**. Eres un ser humano. Y cuando eliges descansar con intención, no solo recuperas energía... recuperas perspectiva.

Lo Esencial Primero

Hay una verdad incómoda: no puedes hacerlo todo. Si intentas atenderlo todo, terminas perdiendo lo más importante. La clave está en priorizar, en decidir qué merece tu energía y qué no.

Stephen Covey lo explicó con una metáfora sencilla: si tienes un frasco vacío y lo llenas primero con arena, nunca habrá espacio para las piedras grandes. Pero si pones las piedras primero —lo esencial— siempre encontrarás espacio para lo demás. Así funciona la vida.

¿Cuáles son tus piedras grandes? Para algunos, es la familia. Para otros, la salud. Para otros, su propósito y su fe. El problema es que muchas veces invertimos el 90% de nuestro tiempo en cosas que no son realmente importantes, y dejamos lo esencial para "cuando quede tiempo". Y ese tiempo nunca llega.

Administrar el tiempo también significa aprender a decir no. Decir no a reuniones que no suman. Decir no a relaciones que te drenan. Decir no a distracciones que roban horas valiosas de tu día. Cada vez que dices no a lo que no importa, le estás diciendo sí a lo que sí importa.

El éxito no se mide por cuántas cosas haces, sino por cuánto avanzas en lo que realmente cuenta. No se trata de estar ocupado... se trata de estar enfocado.

Cuando decides **priorizar lo esencial**, algo cambia. Tu calendario se convierte en un reflejo de tu propósito, no de tus excusas. Y tu vida comienza a sentirse más ligera, más enfocada y más productiva.

El Precio del Tiempo Perdido

Todos tenemos la misma cantidad de horas en el día, pero no todos vivimos esas horas de la misma manera. Hay quienes las invierten en lo que construye futuro... y hay quienes las gastan en lo que no deja nada.

El tiempo que no se vive con intención siempre pasa factura. Tarde o temprano, la falta de descanso, de propósito y de prioridades se refleja en el cuerpo, en la mente y en el alma.

Quizá en forma de cansancio crónico, de ansiedad, de relaciones fracturadas o de sueños postergados.

El tiempo mal administrado se parece a tener una fuga invisible: poco a poco se va lo más valioso de ti, y cuando lo notas, ya es demasiado tarde.

Por eso, vivir con conciencia del tiempo no es un lujo, es una necesidad. No se trata de tener la agenda llena de actividades, sino de **aprender a dejar espacio** para lo que te nutre: silencio, descanso, risas, familia, gratitud. Porque lo que desgasta no es el esfuerzo, sino la falta de dirección.

Aprender a vivir con intención diaria significa que cada hora tiene un para qué. Que cada día se conecta con tu propósito. Que no hay tiempo desperdiciado, porque hasta el descanso se vuelve parte de tu productividad.

El tiempo perdido no se recupera, pero sí puedes evitar seguir perdiéndolo. Y esa decisión comienza hoy.

Vivir con Tiempo y Propósito

El tiempo es el regalo más frágil y más poderoso que tenemos. No se guarda, no se detiene, no se repite. Cada minuto que pasa es una decisión: o lo inviertes en lo que construye, o lo gastas en lo que desvanece.

La verdadera administración del tiempo no consiste en tener una agenda perfecta, sino en alinear tus horas **con tu propósito**. No es llenar calendarios, es dar sentido. Es elegir cada día con conciencia: ¿esto me acerca a la vida que quiero vivir, o me aleja de ella?

El **Jubileo del Emprendedor** es precisamente eso: **un nuevo pacto con tu tiempo**. Es dejar de correr sin rumbo y aprender a caminar con dirección. Es entender que el descanso no es un lujo, es parte del plan. Que las prioridades no son negociables, son el fundamento. Que tu tiempo es sagrado, y por eso merece ser protegido como lo más valioso.

He visto empresarios que al aprender esto recuperaron su vida. Recuperaron su salud. Recuperaron a su familia. Porque cuando **ordenas tu tiempo**, todo lo demás empieza a ordenarse también. Tus decisiones financieras cambian. Tu liderazgo se fortalece. Tus relaciones se profundizan. Tu alma encuentra paz.

Y si hoy estás aquí, leyendo estas páginas, no es por casualidad. Es porque también se te está llamando a un nuevo comienzo con tu tiempo. A decidir que ya no lo vas a desperdiciar en lo urgente, sino a invertirlo en lo eterno.

Es mi deseo que este libro sea de bendición para tu vida. Que cada página te inspire a levantarte, a soltar lo que pesa y a tomar decisiones con fe y propósito. Y que al final, vivas lo que yo llamo el **Jubileo del Emprendedor**: un reseteo total para tu vida, tus negocios y tu futuro.

CONCLUSIÓN

Cuando abriste este libro, te hice una promesa: que descubrirías cómo tener un reseteo total en tu vida, en tus negocios y en tu forma de ver el mundo. Te prometí que ibas a aprender cómo romper cadenas, sanar heridas y levantar una visión nueva para tu futuro. Hoy quiero preguntarte: ¿sientes que lo logré?

Mira hacia atrás, recorre en tu mente lo que acabamos de vivir juntos en estas páginas. Cada capítulo fue un paso, cada lección una llave.

—**El Llamado al Jubileo:** aprendiste que todos necesitamos un reinicio. Un momento para soltar lo viejo y empezar de nuevo.

—**Rompiendo Cadenas:** viste que no hay prisión más fuerte que la que está en la mente. Y que la libertad comienza al reconocer y soltar lo que ya no te define.

—**La Decisión de Ser Libre:** entendiste que la vida no cambia con deseos, cambia con decisiones firmes, aunque den miedo.

—**Sanando el Pasado, Liberando el Futuro:** descubriste que no puedes avanzar cargando heridas viejas. Sanar no es olvidar, es transformar el dolor en sabiduría.

—**Una Nueva Mentalidad, Una Nueva Realidad:** aprendiste que lo que piensas determina lo que vives. Y que una mentalidad de abundancia abre puertas que antes parecían cerradas.

—**El Poder de una Nueva Visión:** entendiste que no se trata solo de trabajar más duro, sino de tener claro hacia dónde vas. La visión es tu mapa interno.

—**Encendiendo la Pasión por Vivir:** descubriste que sin pasión, todo se apaga. Y que tu fuego interior es el motor de tu propósito.

—**La Disciplina que Transforma:** viste que los sueños sin hábitos se quedan en fantasía. La disciplina es el puente entre lo que deseas y lo que logras.

—**Construyendo Relaciones que Elevan:** entendiste que no llegamos lejos solos. Las relaciones son el verdadero capital de tu vida.

—**Liderazgo Personal:** aprendiste que no puedes guiar a otros si no te lideras a ti mismo primero. El liderazgo comienza contigo.

—**La Libertad Financiera:** viste que el dinero no es un fin, es una herramienta. Y que administrar bien tus recursos es parte de tu Jubileo.

—**El Legado:** descubriste que tu vida no termina en ti. Lo que construyes hoy impactará a generaciones.

—**El Perdón:** entendiste que perdonar no es un favor para otros, sino el regalo más grande que puedes darle a tu futuro.

—**El Tiempo:** aprendiste que el recurso más sagrado no es el dinero, es tu tiempo. Y que al administrarlo con propósito, encuentras paz, dirección y plenitud.

Cada una de estas llaves fue puesta en tus manos. Ahora te toca usarlas.

Quiero que imagines cómo será tu vida si aplicas todo esto. Visualízalo: despertar cada mañana sin cadenas internas, con una mente clara, un corazón encendido y un propósito firme. Manejar tu tiempo y tus finanzas con paz. Amar y ser amado con autenticidad. Liderar tu vida y tu negocio con visión y pasión. Y dejar un legado que hable por ti aun cuando ya no estés aquí.

Ese es el **Jubileo del Emprendedor**. No es solo un concepto. Es un estilo de vida.

Ahora que tienes todas estas herramientas, sal y úsalas. Lo que hagas con este libro depende de ti. Pero si quieres seguir creciendo, si quieres profundizar más, si quieres aprender cómo aplicar estas verdades a tu negocio, a tu liderazgo y a tu libertad financiera, quiero invitarte a que te acerques. Tengo conferencias, programas y entrenamientos en mi sitio web, diseñados para ayudarte a dar este salto de manera práctica y real.

Visita mi página: **www.AlexisAdame.com**. Ahí encontrarás la forma de seguir en contacto, de seguir caminando juntos, y de convertir este Jubileo del Emprendedor en un movimiento que impacte más allá de ti.

ACERCA DEL AUTOR

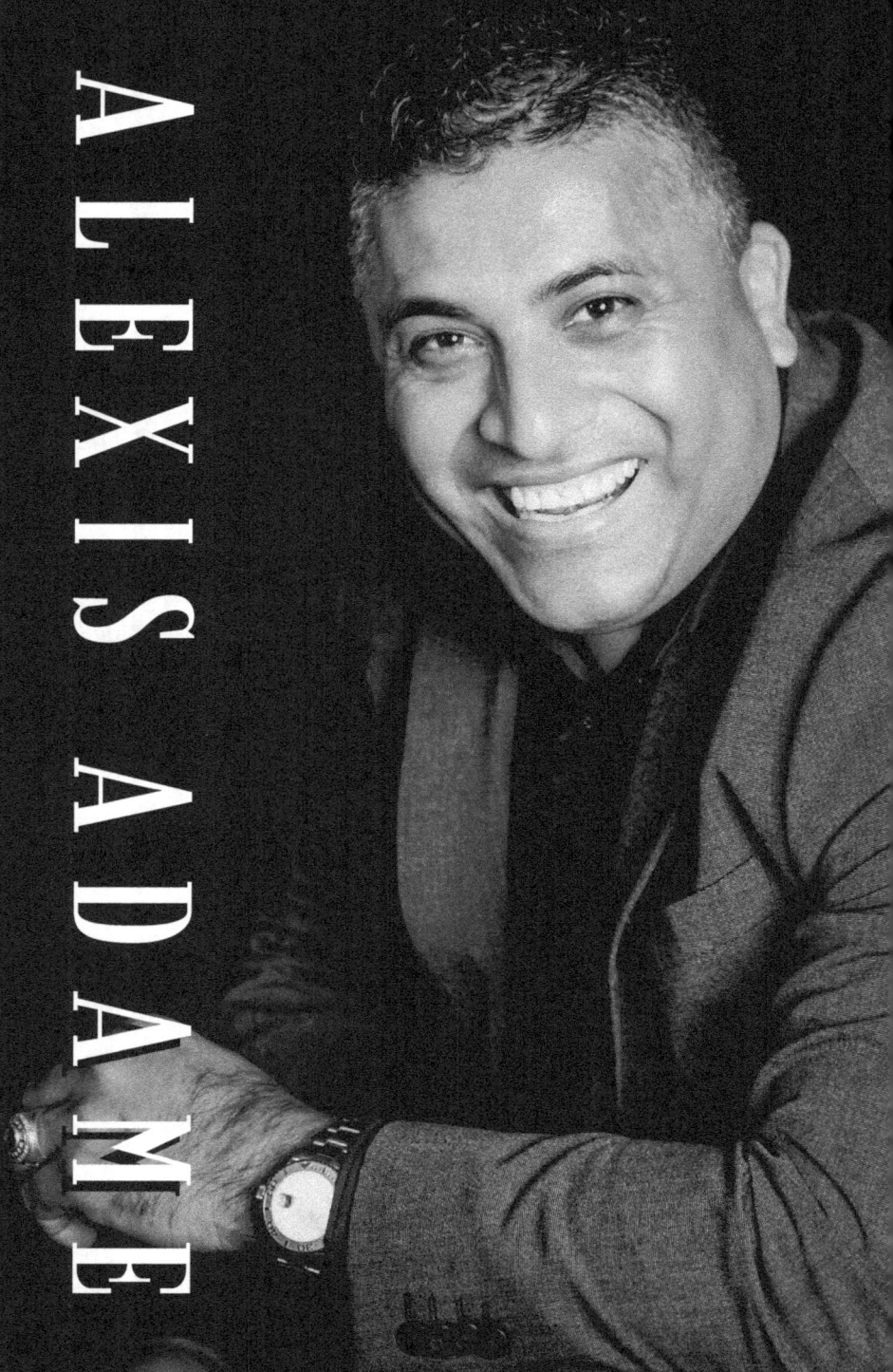

Alexis Adame es un líder reconocido en la industria del mercadeo en red, mentor, conferencista, inversionista y autor del Best Seller La Fórmula del Mercadeo en Red. Emigró a los Estados Unidos a los 14 años, donde comenzó trabajando en restaurantes, y más tarde como músico y electricista. En 2002, descubrió su verdadera pasión por el mercadeo en red, y junto a su esposa Teresa, construyó una organización con más de 100,000 personas, consolidándose como uno de los líderes más influyentes de su compañía.

Alexis ha dedicado su carrera a enseñar a otros cómo triunfar en los negocios, ayudando a miles a lograr libertad financiera y éxito personal. Su enfoque basado en educación y mentoría ha transformado la vida de muchos, y su sistema educativo ha sido clave en la creación de emprendedores exitosos dentro de la industria.

Además de su destacada trayectoria en el mercadeo en red, Alexis Adame ha ampliado su visión al mundo de las inversiones en bienes raíces. Con un enfoque estratégico, ha utilizado su experiencia para generar ingresos pasivos y construir un portafolio sólido, lo que le ha permitido diversificar sus fuentes de ingresos y seguir impulsando su crecimiento financiero.

Nacido en Las Piedras, Río Grande, Zacatecas, México, Alexis vive en Dallas, Texas con su esposa y sus tres hijos. En su tiempo libre, disfruta de jugar golf, salir a visualizar mansiones y leer libros. Puedes conocer más sobre su trayectoria y servicios en www.AlexisAdame.com.

¡FELICIDADES POR LLEGAR HASTA AQUÍ!

De verdad, gracias. Gracias por darte este espacio. Gracias por leer con el corazón abierto. Este libro lo escribí pensando en personas como tú: valientes, decididas, dispuestas a romper ciclos y a construir una vida con propósito. Si llegaste hasta aquí, no es casualidad. Algo dentro de ti ya despertó... y ese es el comienzo de todo.

Ahora quiero pedirte un pequeño favor que significa muchísimo para mí y para quienes vendrán después de ti. Tu voz importa. Tu experiencia tiene peso. Tu opinión puede ser la chispa que anime a alguien más a tomar la decisión que tú tomaste: empezar de nuevo.

Solo te pido dos cosas muy simples:

- Cuéntame cómo este libro tocó tu vida.

- Deja un comentario sincero en mi página de Amazon.

Es fácil: entra a Amazon, busca mi nombre o el título del libro, y ahí encontrarás el espacio para escribir lo que este mensaje provocó en ti. Tus palabras no solo me animan a seguir enseñando y escribiendo. También ayudan a que más personas encuentren claridad, esperanza y dirección justo cuando más lo necesitan.

Si en algún momento este libro te abrazó, te confrontó o te iluminó un camino, compártelo en tu reseña. Yo voy a leer cada comentario con profundo agradecimiento, celebrando contigo este nuevo capítulo que estás comenzando.

Gracias por permitirme caminar contigo estas páginas. Lo que viene para tu vida, si aplicas lo aprendido con fe, disciplina y corazón... será extraordinario. No tengo duda.

Te leo en Amazon.
ALEXIS ADAME

AGENDA UNA CITA

Alexis Adame

¿Listo para reiniciar tu vida y tu negocio?

Agenda una sesión con Alexis Adame y descubre cómo liberar tu mente, ordenar tu mundo interior y avanzar con una visión renovada hacia una vida de propósito, libertad y abundancia.

Descubre *las estrategias* que te ayudarán a avanzar con claridad, dirección y paz.

Eleva tu mentalidad. Reconecta con tu propósito

Alexis Adame

Mentor

Reserva Una Sesión Hoy

ESCANEAR AQUÍ

+1 972 670 4138

CONFERENCIA

REINICIA TU VIDA Y NEGOCIO

Transforma tu mentalidad, rompe ciclos y crea un nuevo comienzo con propósito, libertad y dirección para tu vida y negocio.

¿Qué aprenderás?

- Romper creencias que limitan
- Recuperar claridad y propósito
- Rediseñar hábitos y disciplina
- Elevar liderazgo y relaciones

Para todo tdo tipo de negocios

LLEVA ESTA CONFERENCIA A TU CIUDAD

+1 972 670 4138

AlexisAdame.com

Alexis Adame

MENTORÍA

Ayudo a emprendedores
a resetear su vida
y su negocio

BENEFICIOS

Claridad total para tu visión
Ruptura de ciclos limitantes
Hábitos que sostienen libertad
Liderazgo emocional fortalecido
Y mucho más...

CONTÁCTAME *HOY* MISMO

+1 972 670 4138

www.AlexisAdame.com

Mentoría exclusiva para
emprendedores en crecimiento

¿Tienes una historia para contar?

Nos gustaría escucharla...

TU HISTORIA MERECE SER CONTADA

En Editorial Misión creemos que **tu historia puede transformar vidas**.

Te acompañamos desde la idea hasta el libro terminado, para que **tu testimonio inspire y deje huella**.

- Escuchamos tu historia
- Le damos forma y estructura
- Escribimos y editamos contigo
- Diseñamos y publicamos
- Te ayudamos a compartirlo con el mundo

Da el primer paso HOY

MISIÓN

WhatsApp: +1-480-278-6083
info@editorialmision.com
www.EditorialMision.com

www.ingramcontent.com/pod-product-compliance
Lightning Source LLC
LaVergne TN
LVHW011329080426
835513LV00006B/254